Alle Rechte liegen beim Autor.

© Alfred Hunold 2011

Bibliographische Information der Deutschen Nationalbibliothek:
Die Deutsche Nationalbibliothek verzeichnet diese Publikation in der Deutschen Nationalbibliographie; detaillierte bibliographische Daten sind im Internet über http://dnb.d-nb.de abrufbar.

3. Auflage im März 2017
ISBN: 978 – 3 – 7 4 3 1 - 8 9 1 6 - 4

Herstellung und Verlag:
Books on Demand GmbH, Norderstedt
Printed in Germany

Alfred Hunold

**Das letzte Indogermanisch
lebte noch lange -
in der Umgebung von Korschenbroich**

Über ein vermutetes Rückzugsgebiet der Eburonen
am Niederrhein

Inhaltsverzeichnis

Vorwort	3
A. Einführung	6
A1. Was ist indogermanisch?	6
A2. Das Untersuchungsgebiet	7
A3. Zur Geschichte unserer Heimat	12
A4. Laten und Kötter	15
A5. Zur Deutung alter Orts- und Flurnamen	18
1. Namen mit eindeutig hochdeutscher Lautung, aber anderem inneren Sinn	22
2. Namen, die den inneren richtigen Sinn noch durchscheinen lassen	23
3. Namen, die rein indogermanischer Herkunft sind	24
A6. Benutzte Abkürzungen	27
B. Erfassung der geographischen Namen im Raum Korschenbroich	29
C. Erste Analyse der gefundenen Flur- und Ortsnamen	34
C1. P-Anlaut: Ein guter Einfall bringt mich weiter	34
C2. P-Wegfall: Weder Endbrücke noch enge Brücke	36
C3. Die Namen auf K und H	40
C4. Die Namen mit anlautendem S	47
D. Einfluß des Indogermanischen auf Orts- und Flurnamen	51
D1. Korschenbroich und Umgebung	51
D1.1 Korschenbroich	51
D1.2 Pesch	70
D1.3 Glehn	79
D1.4 Kleinenbroich	95
D1.5 Liedberg	116

D2. Mönchengladbach 116
D3. Rheydt 125
D4. Viersen 132
D5. Willich 132
D6. Kaarst 134
D7. Erkelenz 141
D8. Die Namen mit Vorsilbe "Gen-" 141
D9. Die Namen auf „-rath" 143
D10. Gewässernamen und Stege 149

E. Der Einfluß des Indogermanischen auf die örtliche Sprache 153
und auf die Familiennamen
   E1. Der Einfluß des Urkeltischen 153
   E2. Der Einfluß des Ureuropäischen 169
   E3. Versteckte vorgerman. Wörter in formal dt. Texten 174
   E4. Einige sprach-archäologische Beispiele 193
   E5. Familiennamen 196

F. Name und mutmaßliches Stammesgebiet der Eburonen 204

G. Indogermanisch und Ureuropäisch bis ins Mittelalter 213

Literaturverzeichnis 224

Namenregister 229

Vorwort

Wenn wir das gestellte Thema bezogen auf Korschenbroich zu einem ordentlichen Abschluß bringen, so sind damit zugleich einige Grundlagen gelegt, um die Diskussion um einen größeren geographischen Raum, seine früheren Sprachen, seine Besiedlung und seine Geschichte in einem neuen Lichte zu betrachten. Dieser größere Raum ist von dem Forscher Hans Kuhn (1899 - 1988) seit den sechziger Jahren des vorigen Jahrhunderts als „Nordwestblock" bezeichnet worden. Und so gilt für diesen Raum, was allgemein für Völker und Sprachen gilt:

„Das Leben der Völker offenbart sich in der Sprache, dem getreuen Abbilde ihrer wechselnden Zustände, und wo die Geschichte der Völker schweigt, wo der Faden der Überlieferung abgerissen ist, da beleuchtet der uralte Stammbaum der Wörter, welcher den Sturz der Reiche überlebt, den Ursprung der Völker selbst und verewigt ihr Andenken".
(Eichhoff/Kaltschmidt „Vergleichung der Sprachen von Europa und Indien", Leipzig 1840, S. IX)

Kuhns Thesen sind überwiegend nicht anerkannt worden. Nicht weil einzelne Fragen konträr behandelt wären, sondern weil das Denken der Menschen manche „Mauern in den Köpfen" lieber stehen ließen.

Vor die Wahl gestellt, aus eigener Überlegung heraus eine Lösung aufzuzeigen oder eine oder mehrere Meinungen aus der Fachliteratur quasi als Zeugen zu zitieren, werden sich viele für die letztere Möglichkeit entscheiden, zumal sie den Anstrich der Wissenschaftlichkeit für sich hat.

„Das Denken schafft Abbilder des Geistes bzw. des Urbildes einer Erscheinung. Der Idealfall tritt – wie Rudolf Steiner dies am Beispiel Goethe immer wieder beschreibt - ein, wenn der denkende Mensch sich in eine fragende Haltung gegenüber dem zu Erkennenden begibt, wenn er

die Welterscheinungen studiert, nicht indem er – wie üblich – die Antworten Anderer aufsucht oder durch logische Schlüsse kombiniert, spekuliert und rätselt, sondern indem er Fragen ausbildet und pflegt. Die gewissenhafte Pflege der Fragen gelingt nur bei Unterdrückung jeglichen Vorwissens und aller Meinungen. Erst wenn das Verstandes-Wissen schweigt, entsteht durch die richtig gestellte Frage die Möglichkeit, daß sich der Geist des Objektes im Bewusstsein des Fragenden ausspricht. Dann hat man – wie man sagt – Einfälle, Ideen".
(Hans Bonneval: Umstülpung als Schöpfungs– und Bewusstseins-Prinzip, 2005, S. 104)

Immer wenn eine Sache als ganz sicher dargestellt wird, kann man davon ausgehen, daß vorher Fragen nicht gestellt wurden.

Durch die falsch gestellte Frage „War das Gebiet des Nordwestblocks keltisch oder germanisch?" wurden Scharen von Sprachforschern in die Irre geleitet. Diese Frage ….."wird nur derjenige lösen, der für keltische und deutsche Namenforschung gleich vorbereitet, nach beiden Seiten hin gleiche Gerechtigkeit zu üben bereit und befähigt ist…."
(K. Müllenhoff, Deutsche Altertumkunde, Bd 2, 1890, S. 236)

Die Meinungen alter Forscher des neunzehnten und frühen zwanzigsten Jahrhunderts wurden oft weder genügend aufgegriffen noch überprüft, obwohl nicht alles überholt ist. Man hat den Eindruck, daß manchen jungen Forschern eine gewisse Ehrfurcht vor der Wissenschaftsleistung der Älteren abhanden gekommen ist.

Ich hoffe, daß Hans Kuhn eine späte Anerkennung zuteil wird.

Mir ist bewußt, daß sich bei der Deutung so vieler Orts- und Flurnamen einige Fehler einschleichen werden, deshalb muß ich in aller Bescheidenheit oft von „wahrscheinlich", „vermutlich" oder „könnte" sprechen. Da wo mehrere Deutungen möglich sind, wenn auch mit unterschiedlicher Wahrscheinlichkeit, geben wir diese an, um dem Leser eine

Auswahl zu bieten. Diese Wahlmöglichkeiten sollten nicht mit Unwissenheit oder Unentschiedenheit des Autors verwechselt werden, sondern ist mit der Zubilligung eines "gesunden Menschenverstandes" an den Leser begründet. Obwohl eine große Zahl von Namen in ihrer Bedeutung rekonstruiert werden konnte, möchte ich mich nicht in eine Reihe stellen mit denen, die ein „Ich weiß es nicht" nie oder sehr spät zugeben würden.

A. Einführung

A1. Was ist indogermanisch?

„Das **Indogermanische** ist die längst ausgestorbene und nur erschlossene Sprache, die den vielen Zweigen der jetzt größten Sprachfamilie des Erdballs zugrunde liegt und durch deren Vergleichung in wesentlichen Zügen rekonstruiert werden konnte. Diese Sprachen reichten im Altertum nicht nur, wie der gewählte Name sagen soll, vom Indischen bis zum Germanischen, sondern sowohl im Osten wie im Westen noch darüber hinaus, und heute ist kein Erdteil frei von ihnen.

Wir kennen einige von ihnen schon im 2. Jahrtausend vor Christus – das Indische, Hethitische (in Kleinasien) und Griechische. Sie waren schon damals weit vom Grundstock abgetrennt und hatten auch schon eine starke eigene Entwicklung hinter sich.
Die Grundsprache, die wir hauptsächlich mit ihrer Hilfe erschließen können, muß in der mittleren und vor allem jüngeren Steinzeit gesprochen worden sein, da jedoch, trotz der Weiträumigkeit der primitiven Kulturen und der großen Beweglichkeit ihrer zumeist noch nicht sesshaften Menschen, gewiß noch auf einem viel engeren Raum, der sich aber ständig erweitert haben wird.

Da die westlichen Indogermanengruppen offenkundig noch lange zusammenblieben, als sich im Osten die ersten großen Gruppen schon abgetrennt hatten, kann das Indogermanische kaum in einem einzigen Zuge in seine vielen Teile auseinandergebrochen sein.
Es wird daher, als sich die genannten östlichen Gruppen – und gewiß noch weitere – schon abgespalten hatten, noch ein Indogermanisch gegeben haben, dass noch nicht den Charakter einer abgesprengten Tochtersprache hatte, ein Spät- oder Restindogermanisch, das zugleich wohl ein Westindogermanisch war." (Kuhn, Hans, Das letzte In-

dogermanisch, Akademie der Wissenschaften und der Literatur, Mainz, 1978, S. 3)

Dieses Indogermanisch soll laut Kuhn zuletzt in einem Gebiet gesprochen worden sein, das er den „**Nordwestblock**" nannte.

Der Titel dieser Schrift ist bewußt angelehnt an Hans Kuhn, der 1978 ein Heft „Das letzte Indogermanisch" veröffentlichte. Einleitend schreibt er, „es geht mir hier darum, ob es gelingt, diesem letzten Indogermanisch näherzukommen und etwas darüber auszumachen, wo und bis wann es gesprochen wurde, und auf welcher Entwicklungsstufe es gestanden haben mag, und wie es beschaffen war." (S. 3)

Vielleicht gelingt es uns, auf diesen Anspruch von Kuhn,- über das hinaus, was Kuhn selbst dazu geschriebenen hat -, wenigstens zum Teil eine konkrete Antwort zu geben.

In diesem Sinne möchte ich den Leser auf eine abenteuerliche Reise durch eine alte und zugleich gar nicht so alte Sprachwelt mitnehmen.

A2. Das Untersuchungsgebiet

Korschenbroich ist eine Stadt von ca. 35.000 Einwohnern, die aus mehreren früher selbständigen Gemeinden gebildet wurde.
Diese Gemeinden hießen Korschenbroich, Pesch, Kleinenbroich, Liedberg und Glehn und sind heute Ortsteile von Korschenbroich. Weitere Ortsteile sind Überseite, Neersbroich, Herrenshoff, Herzbroich, Rader-broich, Steinhausen, Lüttenglehn, Epsendorf, Scherfhausen, Rubbelrath und Steinfort.

Korschenbroich liegt im Westen des Rhein-Kreises Neuss und wird umgeben von den Städten bzw. Gemeinden Mönchengladbach im Westen mit den hier betroffenen Stadtteilen Rheydt, Giesenkirchen, Schelsen, Neuwerk, Geneicken, Üdding; Stadt Willich mit Schiefbahn, Anrath und Kehn im Norden; Stadt Kaarst im Osten mit dem Ortsteil Büttgen und der alten Honschaft Ahn und weiter dem Ortsteil Kaarst und der Stadt Neuss im oder am alten Urstromtal des Rheins Richtung Niers.

Korschenbroich weist insofern sprachlich eine Besonderheit auf, als die sogenannte Benrather Linie mitten durch die Stadt verläuft.

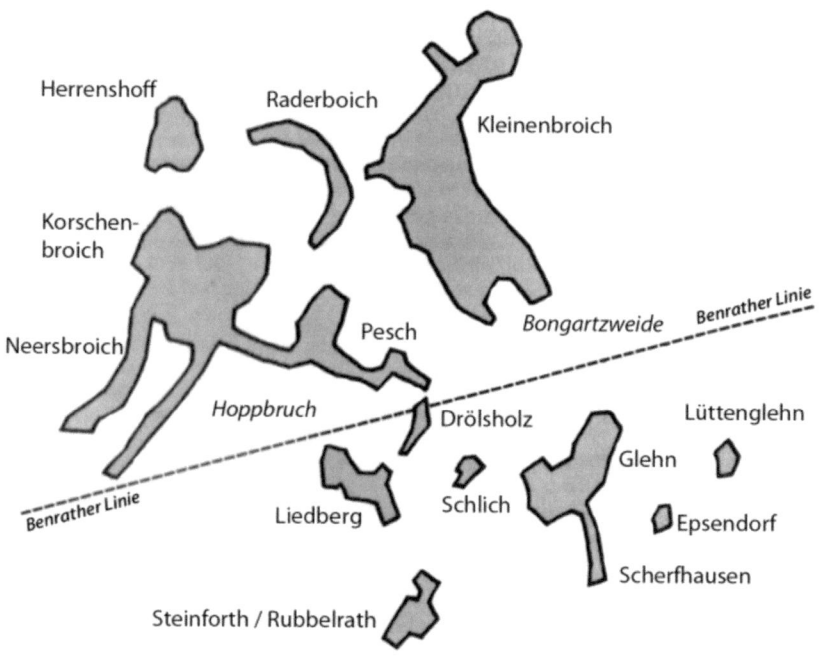

Hubert Köhnen, „Unges Platt", Korschenbroich, 1982, Seite 8

Skizze zum engeren rheinischen Sprachraum:

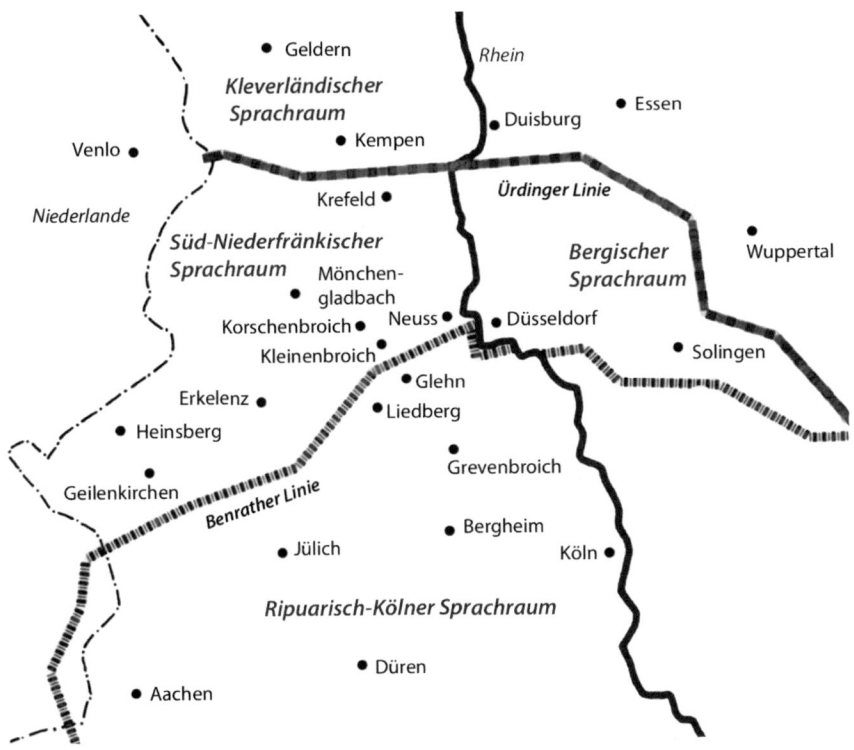

Hubert Köhnen, „Unges Platt", Korschenbroich, 1982, Seite 10

Die in unserer Arbeit aufgeführten Namen beziehen sich nicht nur auf das Korschenbroicher Stadtgebiet, sondern auf das ganze Feucht- und Sumpfgebiet, das von Neuss bis an die Maas reicht und von dem die beigefügte geologische Karte nur einen Ausschnitt bietet, unabhängig davon, zu welcher Stadt es gehört. Es sind also auch einige Randgebiete von Mönchengladbach, Schiefbahn und Kaarst einbezogen. Andererseits hatten wir nicht einen so guten Einblick in die Flurnamen all dieser

Orte, so daß von diesen Randgebieten eher die Namen größerer Bezirke als die von einzelnen Fluren bekannt waren.
Es sind auch einige Namen erwähnt, die vielleicht den einheimischen Lesern nicht geläufig sind, die aber in der heimatkundlichen Literatur über unsere Gegend und in alten Karten enthalten sind.

Das sumpfige Rückzugsgebiet der Eburonen

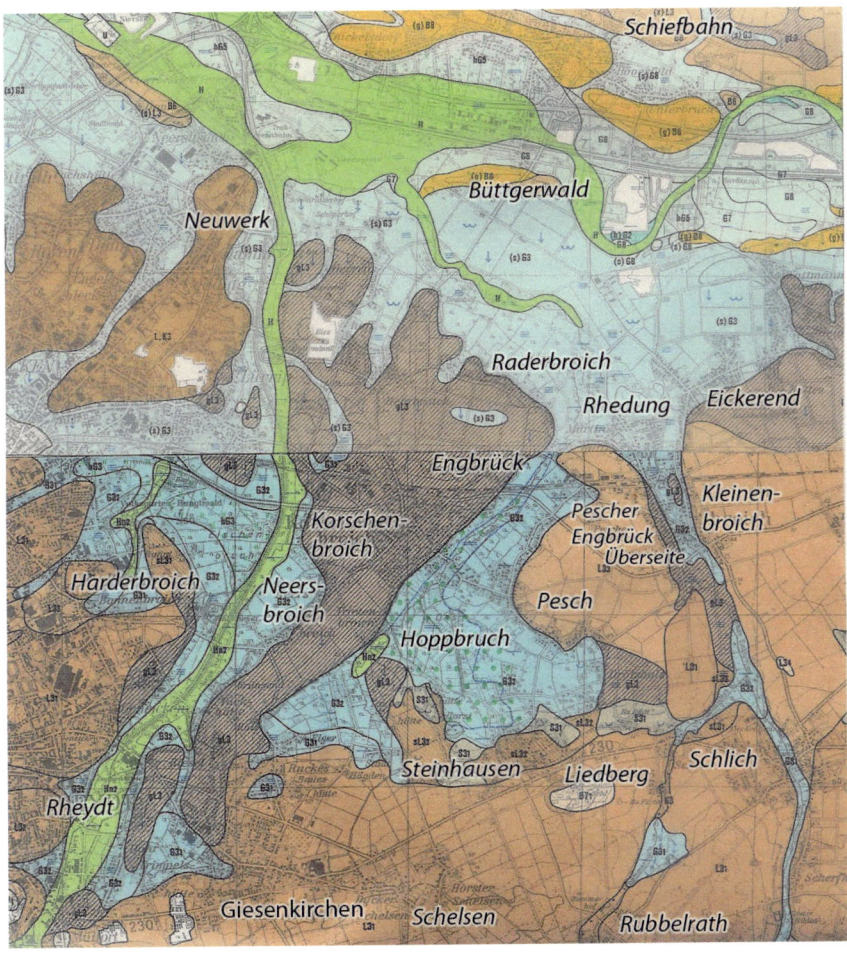

grün = Niedermoor
blau / violett = vernäßte Böden (sumpfig)
braun = teilweise vernäßte Böden

Geologisches Landesamt Nordrhein-Westfalen, Bodenkarte von Nordrhein-Westfalen, 1:50000, Karten L 4704 Krefeld und L 4904 Mönchengladbach

„Mitten durch die Stadt verläuft die Benrather Linie; der Verlauf dieser Linie im Stadtgebiet ist auf die einst vorhandenen sumpfigen Waldgebiete zwischen den nördlichen und südlichen Stadtteilen zurückzuführen: Niersbruch, Hoppbruch, Bruch am Jüchener Bach (Bongartzweide)".(Hubert Köhnen, „Unges Platt", S. 9)

Darüberhinaus war insbesondere das nördliche und östliche Gemeindegebiet früher ein einziges, riesiges Sumpfgebiet, das erst durch die Meliorationen (Trockenlegung) ab 1856 für die Landwirtschaft einigermaßen nutzbar wurde, während es davor stets durch Überschwemmungen und hohen Grundwasserstand gefährdet war.

Dieses vernässte Gebiet zog sich im Westen bis auf das Stadtgebiet von Mönchengladbach (Neuwerk, Lürrip, Üdding und Rheydt) hin, im Norden und Osten bis auf das Gebiet der ehemaligen Gemeinden Schiefbahn und Kaarst.
In dem größten Teil des Gebietes haben wir Gley-, Pseudogley oder Naßgleyböden bei heute noch i.a. 4 – 13 dm Grundwasser unter Flur, teilweise mit starker Staunässe.

A3. Zur Geschichte unserer Heimat

Die vorgermanische Besiedlung eines Landes ist in der Regel nicht leicht zu fassen, allerdings macht da unsere Heimat eine besondere und günstige Ausnahme.
Die erste schriftlich überlieferte Besiedlung war die eines Stammes der Belgen, oder Belger, des Stammes der **Eburonen**. Die Belger waren eine der drei Völkergruppen, die bereits Cäsar in seinem Kriegsbericht "De bello gallico" nannte. Die Eburonen besiedelten ungefähr eine Fläche, die im Norden etwa bei Krefeld eine Grenze hatte, im Westen zur Maas, im Süden durch den Eifelnordrand, und im Osten durch den Rhein begrenzt wurde, (wenn auch nicht ausgeschlossen werden kann,

daß Teile dieses Stammes am nördlichen Niederrhein oder jenseits des Rheines, von Duisburg bis Honnef, gesessen haben).

Diese Völkerschaft leistete erbitterten Widerstand gegen die Unterwerfung durch die Römer unter Gaius Julius Caesar um ca. 50 vor Christus. Die Eburonen belagerten ein Winterlager einer römischen Legion und rieben die Truppen dieses Winterlagers anschließend völlig auf, als die sich zu einem anderen Winterlager zurückziehen wollten.

Daraufhin mobilisierte Cäsar mehrere Legionen, hob auch neue Legionen aus, um die Macht Roms zu demonstrieren, verwüstete das Land und vernichtete die Bevölkerung.
Reste der Bevölkerung flüchteten in die Berge, die Ardennen, und in die Sümpfe. („Quorum pars in Arduennam silvam, pars in continentes paludes profugit. VI.Cap. 31)........
Wo einer ein entlegenes Tal oder ein Waldstück fand, das ihm einigermaßen Schutz und Rettung zu bieten schien, da blieb er. (Ubi cuique aut vallis abdita aut locus silvestris aut palus impedita spem praesidii aut salutis aliquam offerebat, consederat. VI. Cap. 34) ......
Alle Dörfer und Gehöfte, die man sah, wurden eingeäschert, und von überall die Beute weggeführt; (Omnes vici atque omnia aedificia, quae quisque conspexerat, incendebantur, praeda ex omnis locis agebatur. VI. Cap. 43) (G. J. Caesar, De bello gallico)......
Das Land, das entvölkert da lag, wurde von den damals rechtsrheinisch siedelnden germanischen(?) Ubiern, die mit den Römern verbündet waren, in Besitz genommen.

Wenn auch nur ein kleiner Teil der Eburonen überlebt haben sollte, so wohl solche, die wie in unserer Gegend in den Sümpfen ein Versteck gefunden hatten. Der Erhalt von nichtgermanischen Orts- und Flurnamen in dieser Fülle, insbesondere auch ihre Dichte in der Fläche, beweist, daß dort eine angestammte Bevölkerung nicht vernichtet wurde, sondern überlebt haben muß.

Wir müssen bei unserem heutigen Kenntnisstand von einem Volkstum ausgehen, das zum sogenannten Nordwestblock gehörte, also weder Kelten noch Germanen waren, und eine Sprache hatten, die als „das letzte Indogermanisch" gilt (Hans Kuhn).

Wir denken dabei vermutlich mit Recht an die Eburonen, die im Raume Korschenbroich ein Rückzugsgebiet gefunden haben könnten. Korschenbroich ist mit den es umgebenden Niederungen der Niers, der Triet und des Jüchener Baches u. E. ein Zentrum der Namen aus alter Zeit. Das genaue und gewissenhafte Studium der Ortsnamen und der Flurnamen eröffnet den Blick in eine versunkene Sprachwelt, von der noch nicht bekannt ist, in welch alter oder in welch neuer Zeit (erst) die Sprache der Eburonen verklang.

Wir können auch nicht ausschließen, daß die Eburonen früher einmal rechtsrheinisch gesiedelt hatten. Wenn die Ubier ein verwandtes Volk waren, dann wird das Eburonenland nicht sogleich germanisiert worden sein. Erst sehr viel später, als andere Gegenden romanisiert wurden, wovon die verbliebenen Eburonen um Korschenbroich aber auch unberührt geblieben sein müssen, da wir in den Flurnamen keine Spur der Romanisierung finden, wird eine Germanisierung mit dem Einfall der fränkischen Stämme einige Jahrhunderte später allmählich begonnen haben.

A4. Laten und Kötter

Wir wollen außer auf die Namen auch auf die Menschen, die hier lebten und leben, einen Blick werfen. Denn sie sind die Nachfahren derjenigen, die die untergegangene Sprache gesprochen haben. Dadurch können wir ein Gespür für die **Kontinuität** in unserer Heimat bekommen. Dasselbe wird sich später bei der Betrachtung der Familiennamen herausstellen.

H. Köhnen: „Die Laten waren die von den Franken vorgefundene einheimische Bevölkerung. Die von Salhöfen aus neu gegründeten Hofesverbände, Latengüter genannt, waren mit den Salhöfen eng verbunden. Sie waren diesen dienst- und abgabenpflichtig und fielen beim Tode des Bewirtschafters wieder an den Sal- oder Fronhof zurück. Dieses Heimfallrecht trat allmählich außer Kraft, die Erblichkeit der Latengüter setzte sich als rechtmäßig durch. Im Hofesverbande waren die Laten aber nicht ganz rechtlos. Sie bildeten das Hofesgericht oder die Latenbank, die über die Einhaltung alter Gewohnheiten wachte.

Da die Kurmudsgüter ursprünglich nicht teilbar waren, erhielten die nachgeborenen Söhne eine kleine Behausung, eine Kate. Diese Kätner oder Kötter hatten keinen Anteil an der Feldflur und der Allmende. Ursprünglich waren die Kötter Unfreie gewesen, Nachkommen der von den Franken bei der Eroberung des Landes vorgefundenen Restbevölkerung". (Köhnen, Kleinenbroich, S. 31)

Die Bezeichnung „Laten" kann auf urk. lauto- = Reichtum, Gut, sanskrit (altindisch) lota = Beute zurückgeführt werden. Beute = Reichtum aus der Sicht der neuen Herren.
Der Grundherr konnte beim Tode des Laten eine Abgabe wählen, entweder „das Besthaupt", (das beste Pferd oder die beste Kuh, Besthaupt = beste Nachzucht, haupt = aus dem Keltischen = Nachzucht) oder das beste Kleidungsstück des Verstorbenen. Daher hieß diese Abgabe Kurmud, (von urk. karja = Tadel, im altslawischen noch in der Bedeu-

tung = demütigen, strafen, ureuropäisch karmin = bitter, und urk. meido-s = Ruhm, altbretonisch muoet = Gerichtstag, also nicht wie manche meinen: Kur = wählen). So eine Abgabe zu leisten war für den betroffenen Bauern bitter und stellte ursprünglich eine Demütigung dar.

Tacitus: "Es ist bei den Stämmen Brauch, daß jedermann freiwillig den Oberhäuptern etwas von seinem Vieh oder Korn überläßt; das wird als Ehrengabe angenommen und dient zugleich der Bestreitung des Notwendigen." (Tacitus, Germania, 15)

Ähnliches dieser Art dürfen wir mehr oder weniger überall in Europa voraussetzen. Es war also nicht eine nur auf die Laten abgestellte Belastung.

J. Bremer: 1302 wird von dem Hofe „Kirsmich und Arff mit allen Latengerichten" gesprochen. (Bremer, Millendonk S. 26.)
„Da das Kleinenbroicher Gaugericht der Auflösung verfiel, stellten sich auch die freien Höfe unter Millendonk. Doch unterscheidet noch das Weistum von 1515 Untersassen = Untertanen, das sind die früheren Laten, und Eingesessene d. s. die freien Besitzer." (Bremer, Millendonk S. 76)
„1700 zahlten die Laten „unter dem Glockenturm" nach dem erneuerten Register an den Küster 249 H. Fahrzins, 17 ½ A., 4 Fettmenger, 4 Hühner. Noch um 1800 (genauer von 27.10.1791 bis 13.3.1792) kamen in Millendonk 43 Rt und 35 Stb an Sterbeabgabe der Laten auf, sie wurden dann durch die französische Revolution abgeschafft".
(Bremer, Millendonk, S. 16.)

H. Köhnen: "Bis ca 1830 sprach man von Köttern, berief in Kleinenbroich Versammlungen von Köttern ein, beschloß gemeinsame Rechtsakte, die von 230 Köttern unterschieben wurden."
(Hubert Köhnen, Kleinenbroich, S. 20)

H. Kuhn: Zitat: „Ich kehre nun in das von der ersten germanischen Ausbreitung umgangene Land zwischen Aller und Rhein zurück.
Da hier große Mengen von Orts- und Personennamen und auch anderen Wörtern in die Sprache der neuen Herren übergegangen sind, ... so kann hier, in starkem Unterschied zu den größten übrigen Teilen Deutschlands, kein großer Teil der alten Bewohner ausgerottet oder verjagt worden sein.
Dies wird dadurch bestätigt, daß seine Bevölkerung auch in der späteren Geschichte die zähe Beharrenskraft gezeigt hat, mit der sie sich lange sowohl der Germanen wie der Kelten erwehrt haben muß und dann die Römer zwang, sich mit der Rheingrenze abzufinden.

Die wenigen Kriterien, die ich hier bringen konnte, zeigen, daß das Land zwischen Harz und Rhein in der Zeit der Römerkriege von der Germanisierung erfaßt war, lassen aber offen, wie weit.
Daß sie abgeschlossen war, ist unwahrscheinlich. Ich folgere das kaum noch aus der sehr späten Verschiebung des k- im Anlaut weiter westlich und seiner Erhaltung in vielen Namen und Vokabeln im Zwischenland, wohl aber aus dem eigentümlichen Welchen-Ennest und der Bewahrung des indogermanischen o (statt a) in einigen Namen. (v.a. *Logina neben *Lagina im Namen der Leine).

Es ist unwahrscheinlich, daß die o-Formen vor der späteren Römerzeit ins Germanische gelangt sind. Ähnlich wie diese o neben a stehen, wie schon bemerkt, auch in diesen Gebieten, weit verstreut, neben dem herrschenden H- vereinzelte bewahrte K-, Callendoorn (Overijssel) und Kaldern (bei Marburg) neben Hellendoorn, Kersne (jetzt Zerßen bei Rinteln), Künsebeck (w. Bielefeld), Keflike (bei Brilon) neben Heerse, Hunse, Heflike, usw.
Sie scheinen für die absolute Chronologie nicht verwertbar, beweisen aber ebenso wie die o neben a, daß die Germanisierung dieser Provinzen nicht in schnellem Zuge erfolgt sein kann. Sie muß sich durch mehrere Jahrhunderte hingezogen haben.

Auch ihre Formen können sehr verschieden gewesen sein. Abseitige Lage der Orte mit vorgermanischen Namen weist in einigen Teilen auf Verdrängung von den guten Böden und aus den besten Lagen, die dann von den erobernden Germanen besetzt sein müssen, zentrale Lage anderer wie auch das Fortleben vieler alter Stammesnamen jedoch auf große Schonung des Alten, die hinterlassenen Wörter Late und Kate (Kotten) wiederum auf Minderung des Rechts und der wirtschaftlichen Stellung.

Wir müssen allerdings davon ausgehen, dass neben dem indogermanischen, dem belgischen und germanischen, auch noch eine heute vaskonisch genannte Sprachschicht bestand. (Vorläufer des Baskischen)

Im ganzen deutet das Zeugnis der Namen und der Sprache auf einen langsamen und ziemlich ruhigen Übergang von einem Volkstum zum anderen." Zitat Ende. (Hans Kuhn, Völker zwischen Kelten und Germanen, S. 126)

Es stellt sich nun die Frage, bis wann die eburonische Sprache gesprochen worden ist.
Das ist die wichtigste Frage des ersten Teiles dieser Arbeit.
Die Antwort kann erst am Ende dieses Teiles gegeben werden.

A5. Zur Deutung alter Orts- und Flurnamen

Die Deutung der Orts- und Flurnamen stößt natürlicherweise auf große Schwierigkeiten, weil sie oft aus alter Zeit stammen und die Namen nicht mehr verstanden werden. Das kann insbesondere daher rühren, daß sie aus fremden Sprachen stammen, die zu verschiedenen Völkern gehört haben können.
Diese Völker haben in der Vorzeit in unserem Raum gelebt, und zwar in der Regel nacheinander, und alle haben irgendwie mehr oder weniger ihre Spuren in der Namenwelt hinterlassen. Das heißt zugleich, dass

manche der aufgefundenen Namen nicht unbedingt von den Eburonen stammen müssen.

Bei diesen alten Namen stehen wir oft vor einem Rätsel, wir können uns dem Sinn eines fremden Namens nur nähern, indem wir vergleichen und Analogieschlüsse ziehen, wo gleiche oder ähnliche Namenwörter auftauchen, in welcher Kombination z.B. zusammengesetzte Wörter auftreten, in welcher geographischen Lage, für welche Landschaft sie verwendet wurden, und wo der Siedlungsraum bestimmter Völker oder Sprachgruppen lag, sofern wir das wissen.

Mit schriftlichen Belegen wird man nur in Ausnahmefällen in eine frühere Zeit als um das Jahr 1000 n. Chr. kommen. Sie sind nützlich, aber auch sie können uns irreleiten, wenn die Namen früh entstellt worden sind.

So wird man bei einigem Einfühlungsvermögen in frühere Zeiten zu der Erkenntnis kommen, daß die meisten der geographischen Namen einen Bezug zur Landschaft haben, insbesondere Namen, die eine Beziehung zum Wasser haben, also Fluß, Bach, Teich, Wasser, Sumpf, Moder, Moor, Feuchtigkeit, Morast, Schlamm, da gerade sie eine starke Bedeutung im ländlichen Leben im allgemeinen und insbesondere in unserem, von Sümpfen geprägten Raum hatten.

„Die älteste Schicht der Flußnamengebung, die "primitivste" Stufe der Flußlaufbezeichnung ist da, wo nur noch das Wasser allein gilt, das man freilich sehr genau und mit geradezu naturhaften Sinnen beobachtet haben muß, ihm immer wieder neue Eigenschaften ablauschend, um es mit ständig wechselnden Wasserwörtern zu benennen".
(Hans Krahe)

Zwar können wir eine Auffassung nicht teilen, die glaubt, sämtliche alte Namen auf den Bedeutungskreis Wasser und Feuchtigkeit zurückführen zu können, so der Namenforscher Bahlow.

Aber es dürften doch die meisten sein und erst recht in den Fluren des Untersuchungsgebietes. Das zu erkennen ist sein Verdienst. Andere Deutungen werden so wie in unseren Zeiten sich auf die Art des Geländes beziehen, Heide im Sinne von Trockenheit, Art der Bewaldung, Baumstümpfe, Stockholz, Hochwald, Wiesen, Acker, freies Land, steiniges Land, Art der Gewässer, Sumpf, Tümpel, Wassergräben, Moor, Tallagen.
Aber auch andere Sinndeutungen sind möglich bis hin zur Art der Gewässer, ob stille oder rauschende. Man kann das daran erkennen, welchen Sinn gleiche Wortstämme in verwandten Sprachen haben.
Schließlich können Gewässer auch Grenzen markieren, dafür haben wir etliche Beispiele.

Es sind uns auch Flurnamen überliefert, die ein Grenz(wach?)häuschen bezeichnen, oder ein Schlachtfeld, ein Feld einer schmachvollen Schlacht, eines Verrates, ein Ort, wo früher einmal ein Metallhort gestohlen wurde, eine Zwingburg oder Festung, oder einen Ostwald, usw.

Die Umgestaltung und Umdeutung, die wir oft als Verballhornung bezeichnet wird, betrifft Namen jeden Alters und kommt meist aus einem Mißverständnis heraus zustande. Die Menschen geben einen Namen weiter, so wie sie ihn verstehen. Gute Beispiele sind die sich auf Tage beziehenden Bezeichnungen wie Gründonnertag („grün" = greinen = weinen) und Rosenmontag („rosen" = roesen" = sich wild benehmen).

„Dennoch liegt einem Namenbenutzer nicht selten daran, das sprachliche Gebilde, mit dessen Hilfe er sich mit anderen Sprachteilnehmern verständigt, auch zu verstehen. Nicht zuletzt hierauf beruhen die volksetymologischen Umdeutungen, die ein nicht mehr durchsichtiger Flurname erfahren kann"
(U. Scheuermann, Germanistische Linguistik 2, Die sprachliche Erschließung der Dorfflur mit Hilfe von Flurnamen, Anm. 18, S. 563).

Dabei können wir in unserem Falle die Feststellung treffen, dass sich auf zwei alte Sprachschichten eine neue germanisch-deutsche Schicht gelegt hat, meist ohne die anderen Sprachschichten überhaupt zu erkennen, geschweige denn ihren Sinn, nur um die alten Wörter, so wie sie sich angehört haben mögen, in ein neues germanisch-deutsches Sprachgewand zu kleiden.

Dieses Sprachgewand gab dann manchmal gar keinen Sinn. "Eilv morg bun" ergibt dann ein „Elf Morgen Baum". Das ist dann noch der günstigste Fall, man erkennt wenigstens, dass da was nicht stimmt; anders liegt es, wenn das Namenwort anscheinend aus dem Hochdeutschen entnommen und einen ganz plausiblen Sinn ergibt.

Beispiele sind Kirchkamp, Martinshütte, Heiligenhäuschen, Bilderstöckchen oder Kleinenbroich. Hier ahnt der Betrachter die tieferliegende Sprachschicht nicht, die sich nur dem aufschließt, der alles kategorisch in Frage stellt. Zu oft werden Namen kritiklos hingenommen und man merkt nicht, dass man einer Verballhornung, einem abgeschliffenen Namen oder nur einem zufällig gleichlautendem Namen aufgesessen ist.

In jedem Fall ist es bei Orts- und Flurnamen ratsam, eine gefundene Deutung mit der Topographie, also der Landschaftsbeschreibung, zu vergleichen.

Zur Gliederung der gefundenen Namen ist folgendes zu sagen:

Ganz allgemein unterscheiden wir

1. Namen in hochdeutschem Sprachkleid, aber anderem inneren Sinn (überdecktes Namengut)

2. Namen, wo die wirkliche Bedeutung noch durchschimmert (durchschimmerndes Namengut)

3. Namen im vorgermanischem Sprachkleid (offenbares vorgermanisches Namengut)

1. Namen mit eindeutig hochdeutscher Lautung, aber anderem inneren Sinn

Beispiel: Pastoratstraße
Pastorat ist ein üblicher Ausdruck für einen Wohnsitz eines katholischen Pastors, auch dessen Amtssitz so genannt.
Wenn allerdings ein Weg in den Wald führt, wo nirgends und nie ein Pastorat gewesen ist, wird der Namenforscher mißtrauisch.
Vermutlich von irisch bass oder bos = Klaue, Huf oder Rindvieh, von urkeltisch bousso- = Rindvieh
cymrisch. to = Präposition mit Dativ, deutsch etwa „zu" oder „auf"
cymrisch rhath = Fläche, Ebene, Wiese, urk. razd = reiben, glätten, straße = stroot = urk. sredo- = Strom, Guss und urk. srutu- = Fluß > nasses Gehölz
also nasses Gehölz an einer Kuhwiese

Beispiel: Magistergemeinde
Eine Flur dieses Namens muß aufhorchen lassen. Er ist offensichtlich zwar hochdeutsch, aber unsinnig.
mag von urkeltisch makaia = Feld
"Ister" von irisch ichtar = untere, also unteres Feld
Gemeinde = entstellt aus irisch moin = Sumpf, urkeltisch makni, mokni = Sumpf, cymrisch mawn; es kommt vor, daß ein vorkeltisches Stammwort mit deutschen Vor- oder/und Nachsilben ergänzt wird,
also sumpfiges unteres Feld

Beispiel: Taubenschlag
Der ursprüngliche Name der Flur kann nicht so geheißen haben, hier muß eine Verballhornung aus Daubenschlad vorliegen. Der Name Daubenschlag ist noch in (preußischen) Karten von 1845 verbürgt. Außerdem hätte Taubenschlag mit Bezug auf das Tier Taube in plattdeutscher Fassung Duvenschlag vorausgesetzt. So finden wir bei Bahlow auf Seite 92 unter dem Stichwort Düppigheim „tub" und an anderer Stelle „duv" als Wasserwort. Keltisch duv = dunkel.

Schlag als zweiter Bestandteil von Taubenschlag hat seinen Sinn wieder nicht aus dem Bezug zu Tauben; wenn aber schon Tauben unsinnig, dann auch –schlag.
Es sei denn, man verstünde einen Schlag Waldes darunter.
Nun weiß derjenige, der sich mit der Materie etwas befaßt hat, daß es ein Wort –schlade gibt. Germanisch Schlade muß aus indogermanisch slot, s-lath, urkeltisch. lath = Schmutz, hervorgegangen sein.
Dazu kommt noch der Hinweis, dass Derschlag aus Derschlade hervorgegangen ist (Bahlow S. 75) und dass es in der Gegend von Hennef einen Ortsnamen Daubenschlade (Ortsteil Uckerath) gibt.
Slade hat die Bedeutung Röhricht, Binse, Riedgras.
Also dunkles Röhricht.
Eine noch tiefere Sprachschicht führt zurück auf vaskonisch lats = Bach, mit Konsonantenumkehr zu s-lat = Schlade.

2. Namen, die den inneren richtigen Sinn noch durchscheinen lassen.

Beispiel: Leibgewinn
Es ist Leitgewinn gemeint, mit Leibgewinn verwechselt, „halb" heißt im Urkeltischen „leit", also in Wirklichkeit Halbgewinn gemeint.

Beispiel: Durch Fahrt
Durch = cymrisch. durauch = Eichenwald

Fahrt = pert = Furt,
also doch etwas, durch das man fährt

Beispiel: Hufeisen
Huf = urk. su, suv, sovio = Drehung, umkehren, wird durch Umformung des S zu H im Cymrischen zu Huf
Eisen = keltisch is = niedrig,
also eine niedrige Kehre,

3. Namen, die rein indogermanischer Herkunft sind

Beispiel: Kotten Slot
Dieser Name ist für sich schon aussagefähig.
Kotten = Kate und Slot = Schlade gleich „Kate am Röhricht" oder ähnlich. (Bahlow S. 275 Stichwort Kottenforst, im weiteren ein Bezug auf Kottschladen bei Hückeswagen)

Beispiel: Kell
Kell ist idg. – keltisch und stammt von urkeltisch kaleto = Holz, cymrisch celli entspricht Kell = Wald.

Bei jeder Deutung sollte verglichen werden, ob die Deutung auch mit der topographischen Wirklichkeit übereinstimmt. Ob ein Tal (tenovo) auch wirklich eine Senke in der Landschaft darstellt, oder eine Anhöhe (druim) wirklich eine Erhöhung im Bodenprofil. Wobei zu berücksichtigen ist, daß in unseren flachen Landen schon Unterschiede von einigen Metern als Berg bezeichnet werden.
Es war mir leider nicht möglich, die große Zahl der Flurnamen, die in dieser Arbeit aufgeführt werden, in diesem Sinne zu überprüfen, da meine Behinderung ein solches ausschloß. Nur die Namen aus der Umgebung von Kleinenbroich und einige andere, die ich aus früheren Zeiten her genau kannte, kann ich in diesem Sinn bezeugen.

Flurnamen und Ortsnamen beziehen sich in aller Regel auf die Landschaft, in der sie vergeben wurden. Wenn die Landschaft z.b. sumpfig ist, dann führen meist Begriffe wie Wasser oder Morast in einem Wörterbuch weiter. Erst wenn diese Begriffe versagen, lohnt es sich woanders zu suchen.

Beispiel: Ich suche die Bedeutung von "Keersteg" (Steg über einen Bach, über einen Sumpf).

bretonisch kere = Schuhmacher, urkeltisch kar(p)jo-s
cymrisch car = liebend, urkeltich karaont- = liebend,
irisch caire = Tadel, urkeltisch karja = Tadel
ker von cymrisch caer = Bock, urkeltisch ka(p)ero-s = Bock
irisch caer. = Beere, urkeltisch kaira = Beere
cymrisch caer = Stadt, urkeltisch kastro- = Stadt
vaskonisch gar-rote, nach Lautverschiebung ker- rote, = Knüppel

Angesichts der möglichen Lösungen scheiden die ersten fünf aus, da nicht landschaftsbezogen; unter den letzten zwei scheint „Stadt" eine mögliche; aber in diese Landschaft paßt am besten die letzte Möglichkeit, ein Knüppeldamm, Knüppelsteg.

Dann gibt es manche Wörter, die zum Verwechseln Anlaß geben:

Bach   = urkeltisch. bekko-, cymrisch bach = klein
Bach   = urkeltisch bakko- = Angelhaken
Hagel   = urkeltisch akulena = spitz, kantig, dornig, ncymr. hogal
Hecke   = hesk, keltisch sesg = Binse
Heilig   = acymrisch helic = Weide
Kirch   = cymrisch ceirch = Hafer, von urkeltisch korkjo- Hafer
Kirch   = kirs = Binse, Sumpf
Hus, haus = huis = alt
Weiler   = vaili-s = niedrig, Landgut,

gerade die letztere Bedeutung wird mit lat. villa verwechselt
= vaskonisch bailar-a = Tal

Weg = keltisch wey = Wasser, Fluß

Rath, es wird immer zuerst an Rodung gedacht, aber auch das ist urkeltisch = Ebene, Fläche, oft Wiese oder ähnlich.

Rath = auch als Festung, Ringwall, von anderer Wurzel "at"
Acker, ecker, ecken = aqa = Wasser
Stein = tenovo + S = Tal
Gasse = gatter = urkeltisch gazd = Weidenruthe
Straße = urkeltisch sredo- = Strom, Guss, acorn. s-tret, mcornisch s-treyt, vgl. Triet, Dreith, stroot

A6. Erklärungen und benutzte Abkürzungen

urk.	= urkeltisch
kelt.	= keltisch
air.	= altirisch
ir.	= irisch
cymr.	= cymrisch, walisisch
acymr.	= altcymrisch
ncymr.	= neucymrisch
g.	= goidelisch (irisch, gälisch)
corn.	= cornisch, cornwalisisch
acorn.	= altcornisch
brit.	= britisch
bret.	= bretonisch
lat.	= lateinisch
osk.-umbr.	= oskisch-umbrisch
ill.	= illyrisch
ven.	= venetisch
skr.	= sanskrit
avest.	= avestisch
idg.	= indogermanisch
ae.	= altenglisch
balt.	= baltisch
lit.	= litauisch
alteurop.	= alteuropäisch
ahd.	= althochdeutsch
asä.	= altsächsisch
mhd.	= mittelhochdeutsch
nddt.	= niederdeutsch
mdt.	= mitteldeutsch
obdt.	= oberdeutsch
nhd.	= neuhochdeutsch
ON.	= Ortsname
ONN.	= Ortsnamen

FIN.	= Flußname
Nfl.	= Nebenfluß
Etymologie	= Lehre von der Bedeutung (der Namen)
Hydronymie	= Gewässernamenkunde, Gewässernamengebung
Toponymie	= Ort- und Flurnamenkunde
ureuropäisch	= vorindogermanisch, in unserer Gegend gleich mit vaskonisch (= baskisch)

vaskonisch = baskisch

Wir nannten es ureuropäisch, um nicht den Begriff alteuropäisch benutzen zu müssen, der durch den Forscher H. Krahe seit Jahrzehnten schon vergeben ist, ("Alteuropäische Hydronymie"), andererseits ist baskisch eine neuere Sprache, die dem alten ureuropäischen Sprachstand noch am nächsten kommt.

alteuropäisch	= in der Fachliteratur meist indogermanisch gemeint, z.B. die Schriften von H. Krahe, aber auch alles, was unklar war
voreinzelsprachlich	= indogermanisch
einzelsprachlich	= indogermanische Einzelsprachen wie indisch, hethitisch, griechisch, slavisch, baltisch, italisch, keltisch, germanisch u. v. a.

B. Erfassung der geographischen Namen im Raum Korschenbroich

Die Namen aus der Grenzbegehung von 1746

Korschenbroich war Gebiet der Herrschaft Millendonk, lag angrenzend zum Liedberger und damit kurkölnischen Gebiet, zwischen denen es oft zu Grenzauseinandersetzungen kam.
So legten beide Seiten darauf Wert, von Zeit zu Zeit die gemeinsame Grenze zu inspizieren und zu dokumentieren. So haben wir die Beschreibungen eines Limitenganges von Millendonk und Liedberg sowie einen der Grenze zwischen Millendonk und Gladbach.

Wenn im folgenden ein Beleg über einen Namen zitiert wird, so nennen wir zuerst die Seite aus dem Buch von Bahlow („Deutschlands geographische Namenwelt"), dann das Stichwort, unter dem zwar nicht das vollständige alte Wort erklärt wird, aber doch der wesentliche Wortstamm zu finden ist. Beispiel: gen Pael, idg. pal Sumpfwasser (376, Pöhlde)

Im Jahre 1746 veranlaßte der Vogt Johann Josef Kolvenbach eine Grenzbegehung des nördlichen Teiles des Dingstuhlbezirkes **Kleinenbroich**, wohl weil hier wegen des Weideganges öfters Grenzstreitigkeiten entstanden. Er beauftragte damit den Landmesser Drosti und ließ von ihm eine Karte des begangenen Gebietes anfertigen. Der darin genannte Nelis Henen (Cornelius Henen) war Vorsteher in dem betreffenden Jahr 1746 zusammen mit Hubert Rothels, Jakob Vennen und Kaspar Klumpen. Sie waren die Vertreter der Hunschaften oder Honschaften.

Wir wollen hier jetzt die Namen aus dieser **Flurbegehung** (Grenzbegehung, Limitengang) von **1746** erfassen.

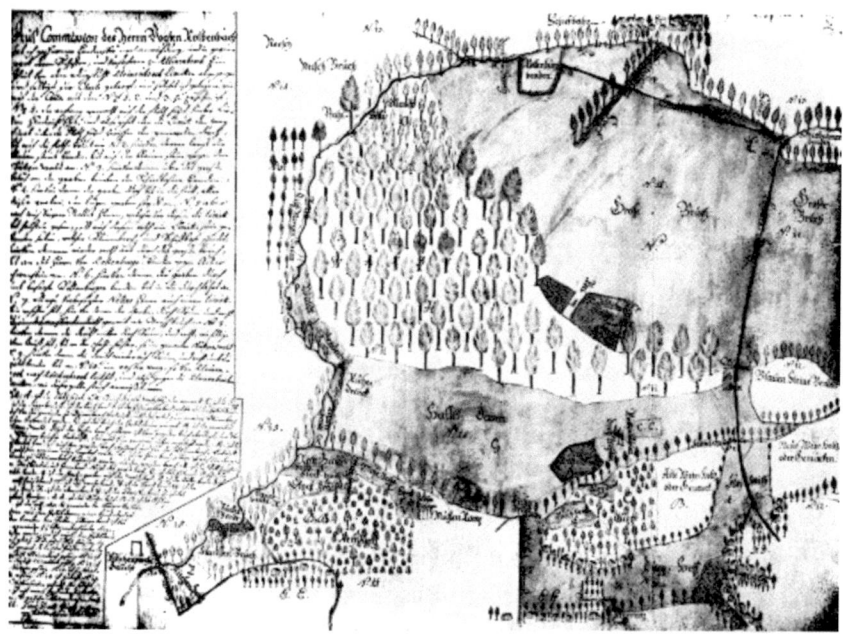

Der Plan befindet sich laut Köhnen im Pfarrarchiv zu Kleinenbroich und ist abgedruckt bei **Köhnen,** „Kleinenbroich" S. 48, 49, 50.

Hier das Protokoll der Karte im Originaltext:

„Auf Commission des Herrn Vogten Kolvenbach hab ich geschworner Landmeßer nach anweißung und in gegenwart deren Scheffen und Vorsteher zu Kleinenbroich Ein Theil Von dem Dingstuhl Kleinenbroich Limitten abgegangen und selbiges zur Charte gebragt, und solches ist gelegen, wie auf der Carta aus dem No 1.2 und 3 zu Ersehen ist.

No 1 der anfang gemacht auf der **Floth Heydt** hinter **Lieven** Henderichs **Erb**, und also gehet dan die Limit den Weeg hinab über die Floth Heydt zwischen den **gemarken** durch, bis an die **flothbrück** an No 2, hiervon dannen langs die Blauensteins Benden, bis auf den **blauen stein** gegen den Büttgerwald an No 3, hiervon dannen über das große bruch an den graben beneden den Schiefbahner Benden No 4, hiervon dannen der graben durch bis in die hütt, allwo dieser graben den **logen graben** stoßt an No 5, aber nach außsagen Nellis Henen, welcher vor diesem die limitt hat helften gehen soll auf diesen orth ein Limittenstein gestanden haben, welcher Kleinenbroich und Schifbahn scheidet, hier von dannen wieder recht aus durch das große bruch, bis an des Herrn von **Kollenburgs** Benden gegen **Acker Schorenstein** an No 6, hier von dannen den graben durch umb besagte Kollenburger Benden bis in die **Durchfahrt** an No 7, allwohe Vorbesagter Nelles Henen auch einen Limittstein gesehen hat, hiervon dannen den graben durch Krum und recht (krumm und gerade) bis an das wasser die **Dreiht** (Triet) genannt an Nerschbruch an No 8, hiervon dannen die **Dreiht** mitten durch Krum, und recht, wie selbige ihren Lauft hat, bis an den **pfahlheister,** so im genannten Büttgerwald No 9, hiervon dannen die Dreiht wieder auf Krum, und recht umb die **Waldtbenden** bis an die No 10 im wasserweg, so von Cleinenbroich nach Korschenbroich leithet und als gegen die Cleinenbroicher Limitten, wie dieser gelbe strich anweißet."

A ist die **Floth heydt.**
B ist das alte **wehrholtz** oder **gemarck.**
C ist die **Düpp.**
D ist der **Düppbend.**
E ist der **Buschbend.**
F ist der **Heym gatter bend,** welches aus dem Haßeldamsbruch Von der gemeinden zu Kleinenbroich Verkauft, und das geld zum gemeinen Kleinenbroich nutzen Verwendet worden.
G ist das bruch der **Haßeldamm** genannt.
H ist der genannter Büttgerwald.
J ist der **Teschenbend,** selbiger ist Vom großen bruch abgelegt, und Von den Kleinenbroicher Verkauft, das geld zum gemeinen nutzen angelegt worden.

K ist der **Mayländer bend**, ist auch vom großen broch abgelegt, und von den Kleinenbroichern verkauft, das geld zum gemeinden nutzen angelegt worden.
L ist das **Hambend**, selbiger ist auch von der gemeinden zu Kleinenbroich Verkauft woden, aus dem großen bruch.
M ist die **Kell** zwischen den Mayländer und Hammbend.
N ist das große broch.
O ist der **Eßend**,
P seynd die Waldbenden.
Q ist der **swartze graben** auf der Waldbend.
R ist der **Kalberbend**. S ist der **rothaußbend**
T ist der **Wehrbend**
V ist der **Speckbend**
W ist der **Stockbruch**
X ist der **Danerbend**
Y ist der **Clarissenbend**
Z ist der **Dürsters Bendgen**.
AA ist das **Kirchenbruch**
BB ist das **Rehdung**
CC ist der orth, alwo die gemeinden Von Büdgen Vor Vielen Jahren aus dem **Haßeldamm** einen bend abgelegt haben beneden dem **Kotten**, selbiger bend ist Von der gemeinden zu Kleinenbroich wieder **eingewonzten** worden, und ist anjetzo dem Haßeldamms broch gleich.
DD seynd etliche Häußer, die **Heydt** genant.
EE seynd Häußer unter dem Dingstuhl Kleinenbroich gehörig. No 11 ist **Düppheide** ganz zum Dingstuhl Kleinenbroich gehörig. No 12 ist für Büttgen gehörig (Vorst) No 13 ist zu Schiefbahn gehörig (Schiefbahner Benden). No 14 Nersch-bruch (Niersbruch) ist gülichs (Besitz des Herzogtums Jülich) (Gladbach) No 15 (Raderbroich) ist Miylendonker gebieth.
Ein solches thue ich mit meiner hand und bei frist attestiren.

So geschehen Kleinenbroich im Juni 1746.

Franz Drosti, Churfs. (kurfürstlich) geschworener Feld Meßer in unter Stifft Cölln.

In der Karte sind mehr Namen genannt als in der Urkunde.

In diesem Plan waren soviele unverständliche Namen enthalten, daß sie mein Interesse erregten und zur Sammlung weiterer Flur- und Ortsnamen in und um Korschenbroich führten.

C. Erste Analyse der gefundenen Flurnamen

C1. P-Anlaut: Ein guter Einfall bringt mich weiter

Die in Korschenbroich und Umgebung gefundenen Flurnamen wurden zunächst aufgrund der Angaben von H. Bahlow gedeutet. Sie wichen meist von einer nur vordergründigen Betrachtung der Namen ab, zeigten oft Verballhornungen auf.
Eine weitere besonders beachtenswerte Gruppe von Namen schienen mir die mit P-Anlaut sowie die Namen Ahn und Eiger. Sie waren auch mit Bahlow nicht recht zu erklären.
Noch hatte ich keinen konkreten Anhaltspunkt für eine Deutung.

Was sollte ich mit den folgenden Namen anfangen?
Peckenweide
Plenerholz
Pengter Hütte
Pferdsbroich (pert)
Ahn
Eiger
Puttschen

Meine Zweifel wurden genährt durch einen seltsamen Namen: Pengterhütte.
Ich sah bei Bahlow nach, fand unter P- nur einige Stichworte, die pen, pan, pend als Moorworte auswiesen.

Am Penkhütter Weg/Pengter Hütte
„In der Pengten Hütt"; wahrscheinlich als altes Wasserwort in Verbindung mit pen, pend deutbar, (370 Pendenhorst, Penkow)

Da kam mir der Gedanke, einmal unter „Engter" nachzusehen.
Und siehe da, es gab einen Namen Engter. (117 Engter).

Nun schien ich auf einem richtigen Weg. Es konnte sich bei Penkter um Engter + ein weggefallenes P handeln.
Engter konnte also keltisch sein, da im Keltischen ein anlautendes P wegfällt.
Wie sich später herausstellte, hat engter im Neukeltischen die Bedeutung Weite, Breite, cymr. walisisch eangder, im Ureuropäischen aber die Bedeutung Sumpf, Weiher.

Damit ergibt sich allerdings die Frage, wieso hier anscheinend keltische Wörter auftauchen können, denn keltisch konnte es ja nach Meinung der Wissenschaft in unserem Gebiet nicht sein.
Nach Meinung von Kuhn und anderen Forschern saßen im Nordwestblock keine Kelten, sondern südlich von Lahn und Mosel bis weit hinein nach Gallien (und über die halbe bekannte Welt).

Es mußten also früher Völkerschaften im norddeutschen Raum, siehe Engter, und auch in der Korschenbroicher Gegend gesessen haben, die den Verlust des P in ihrer Sprache unterschiedlich vollzogen hatten.
In Engter (Norddeutschland) ja, in Korschenbroich nicht.

Es schien also berechtigt, von Keltisch im Sinne von Vor- oder Urkeltisch zu sprechen.

Wenn ich auch später eine andere Deutung für **Puttschen** fand, die m.E. richtiger ist, nämlich von pit, pet, put auszugehen, was soviel wie Dorf, Ansiedlung bedeutet, aber auch keltisch ist, eine Parallele zu „büttel" in Norddeutschland, und dann auch eine andere Form des Nachbarortes Büttgen darstellt, so war ich doch dadurch auf die vorkeltische Herkunft gestoßen.

C2. P-Wegfall: Weder Endbrücke noch enge Brücke

Die Deutung des Wortes „end" war immer noch nicht befriedigend gelöst. Zudem tritt es in Korschenbroich sehr häufig auf. Eßend, Eickerend, Hützend, Heckenend, Knalappend usw.
Das Stichwort Engden bei Bahlow (116 Engden) gab an, es gehöre zu ang, zu dem auch das Wort „Anger" gehöre und nasse Wiese bedeute.
Zudem schien Engden nur eine Variante von engter zu sein.
Nach dem, was wir im vorherigen Kapitel festgestellt haben, könnte unser end ursprünglich p-ent, p-end geheißen haben. Tatsächlich gibt es im Cymrischen das Wort pant = Loch, Tal.

Es hatte sich immer mehr herausgestellt, daß, wenn wir im Keltischen nach Lösungen suchten, wir vorwiegend im Cymrischen d.h. Walisischen Erfolg hatten.
P-end ist aber sicherlich mit Bend gleichzusetzen.

Das war die Lösung!

Somit können wir folgende Entwicklungsstufen sehen:
Meine These:

Idg. / vorkeltisch	Pent	Pent
keltisch/vorkeltisch	Ent	I
germanisch	End	Bend

Zeitlich ist sicherlich das „end" nach dem „pent" anzusetzen, denn es kann nur wegfallen, was vorher war.
Pent kann nicht germanisch sein, denn wir haben pent als Vorstufe zum Keltischen erkannt und pant als cymrisch gesehen.

Es stellt sich nun die Frage, wie das „bend" zeitlich einzuordnen ist.

Ich würde „bend" als germanische Bildung ansehen, aber dem widerspricht die Auffassung, dass idg. „p" i.d. R. zu germ. „f" wird.

Ausschlaggebend ist wohl die Änderung von t zu d in bend, was für das Germanische spricht.

Allerdings stellt sich doch die Frage, wie es möglich ist, daß ein Teil der Pent-Namen die keltische Umformung von z.B. P-eicker-p-ent zu Eicker-end mitgemacht hat und ein anderer Teil nicht, und zwar der überwiegende Teil, sodaß sie zu Bend werden konnten. Und das bei Namen, die kaum 1 km voneinander entfernt liegen.

Und warum wurden sie nicht zu F-ent verschoben? Wir wissen es (noch) nicht, aber daß sie zu Bend werden konnten, liegt wahrscheinlich daran, daß innerhalb der germanischen Lautverschiebung zwar ein „p" zu „f", außerhalb der Lautverschiebung aber "p" auch zu „b" werden konnten.

Damit, jedenfalls, war das Rätsel um „End" und all die irrigen Deutungsversuche gelöst.

„Engbrück" ist weder eine enge Brücke noch eine Endbrücke, es ist, da Brücke ein verballhorntes Broich bedeutet, ein „Bendbroich."

Der Mauern in unserem Kopf waren eingestürzt, die Umdeutung konnte beginnen.

Die meisten Bestimmungswörter vor dem Grundwort –end dürften alt, d.h. vorgermanisch bzw. vorkeltisch sein, nur wenige so jung, dass das Grundwort falsch verstanden als "Ende" benutzt und dann ein modernes Bestimmungswort dazu gesetzt wurde, wie z.B. Wallend, Westend.

Plehnerholz konnte zu Lehner oder Lehmer und zur Lehmstr. in Beziehung gesetzt werden.

Lem zu Leim, wie in dem idg. Namen Leimstr. (Kaarst), Lem = keltisch Ulme, übrigens liegt hier eine Konsonantenumstellung zu elm vor, also Ulmenwald.

Zu -ecken wie in **Peckenweide** fand sich eicken als vorkelt. Form.
Also heißt **Eickerend** nicht Eichenende, sondern eigentlich P-eicker-p-ent, P-eicker = P-ecker = Beck = Bach, Bach-bend.
In Peck-en ist zugleich auch die Wurzel von **Speck** enthalten, S-peck mit Anlaut-S im Sinn von Tümpel.
Ähnlich Eiger zu P-eicker

Geneicken wurde aus Gen-p-eicken gebildet.
Auf „gen" gehen wir später ein, erwähnen hier nur, daß neben dem Cymrischen auch goidelische, d.h. irische Spuren in Korschenbroich zu finden sind.

Aber wieso hatten einige Namen doch ein anlautendes P, andere nicht? Nun versuchte ich zunächst, alle Namen mit anlautendem Vokal zu prüfen.

Eiger, Eigen
Entspricht P-eiger, P-eigen von p-eg oder p-ag (369 Pegesdorf),
= eicker und ecker entsprechen Bach, aber ureurop. eihera = Mühle

Etzel (in Kaarst) ist vermutlich ein urkeltisches P-etzel oder P-etzen (371 Petze) als idg. P-eitze = Dorf, ureurop. etxe = Haus, Heim.

Ahn, von Ahner Honschaft, ergibt einen Sinn, wenn man ein P davor setzt.
(P)-ana ist gallisch und heißt Sumpf. Also ein fehlendes P, ein urkeltisches Wort.

Ahner Honschaft
pan, pen = Sumpf, Moor, nasses Land, bei Wegfall des anlautenden

„p" wie im keltischen.
Ban, Bahn entsteht aus urkeltischem Pan, wir erkennen darin einen Teil des Namens von Schiefbahn, auch Bahner in Rheydt und Bauerbahn in Neuss.

Püllenhof, Bollenhof
pul als Variante von pol = Sumpf (379 Pulheim)
aber auch P-ul und P-Ollen(363 Ollen)
Poll im Inselkeltischen = Fluß, Strom, cymr. pwll (gesprochen poll) = Weiher, Pfütze, Tal.

Pferdsbroich (372 Pfertingsleben) konnte mit pert, part, pard erklärt werden, wie in dem Familiennamen Hup-pert-z.
Pert = (p)ert keltisch = Furt, Brücke

Egelbach gehört vermutlich zu P-egelbach, urk. (p)eku = Vieh, also Viehbach.

Die Kelten scheinen in unserem Gebiet einmal gesiedelt zu haben und aus unserem Raum abgewandert zu sein, als die Erscheinung, das P weg zu lassen, schon lange eingesetzt hatte. Es sind ja auch Namen wie eicker davon betroffen, die noch indogermanisch scheinen, und wegen des Vokals „ei" noch nicht keltisch. Während in dem rein keltischen Gebiet, - Kuhn nennt als Grenze ca 100 km südlich der Oise -, alle Namen das anlautende P verloren haben, hat sich diese Eigenart in unserem Gebiet nicht weiter durchgesetzt. Sonst dürften es hier keine Namen mit Anlaut-P geben. Es könnte also mit der geistig-kulturellen Verfassung des abgewanderten Volksteils zu tun haben, auch das ist eine wichtige Erkenntnis.
Daß in seinem Nordwestblock (vorkeltische) Namen mit Anlaut-P weiterbestanden, hatte auch H. Kuhn nicht erwartet.

Friemer Weg könnte eigentlich auch hierher gehören, denn das zugrunde liegende Priemer (vorkeltisch) scheint verschoben, also germanisiert, so könnte man meinen, Priemer von *preimi = lat. primi, kelt. premi „die ersten", danach sind die Remer benannt, die allgemein doch als Belger gelten, deren Hauptort Reims ist.

C3. Die Namen mit anlautendem H oder K

Zunächst sammelte ich alle Namen mit anlautendem H und K.
Ich nahm an, daß die Namen mit Anlaut-H aus K entstanden sind, wie es die germanische Lautverschiebung bewirkt.
Allerdings stellte ich irgendwann fest, daß auch im Keltischen ein Anlaut-H entstehen kann, und zwar ein Anlaut-H aus dem Urkeltischen Anlaut-S.
Erstaunlicherweise nicht im gesamten Keltischen, sondern nur im britonischen Zweig, d.h. im Cymrischen, im Cornischen (der Sprache Cornwalls) und im Bretonischen. Nicht jedoch im Irischen und im Gälisch/Schottischen, dem goidelischen Zweig.

Beispiel:
Heym Gatter Bend
„hein gad bend"
Heute zu Hymgasse entstellt.
Hein, Variante zu hen, in Holland Hein-slot, Heen-sloot
Urk. sento-s = Weg, im cymr. wird sent zu hent und zu hin. gad ist uralte keltische Bezeichnung für Weidenrute, gatter zu gasse verfälscht, demnach bezeichnet heim gatter nichts anderes als einen Weidenweg, das was er bis vor 50 Jahren noch war. Dazu Bend am Weidenweg.

Hüssen Füssgen
corn. huis = Alter, von urk. aivestu-s, ir. aes, cymr. ois, corn. huis.
Urk. vosso-, ir. fuss Dat. Sing. = Bleibe, Ruhe, sollte es „Altersruhesitz" bedeuten?

Dies wird wohl eine zu moderne Deutung sein.
Gen = genus, anscheinend ein Name, vielleicht „alter Füssgen"
Das H ist kein germanisches H, nicht aus (germ.) Lautverschiebung entstanden, auch kein britonisches H aus S, sondern eine zweite Form des keltischen H, das vor Vokal gesetzt werden kann.

Haushütte
Könnte wie hüssen entstanden sein, also alte Hütte.

Heckerbroich
hecker wahrscheinlich aus hesg, urk. sesg = Binse, Umwandlung des kelt. „Anlaut-S" in cymr. „Anlaut-H". (S>H) oder aus ecker wie eicker + keltisches Anlaut-H (zweite keltische Form).
Wir nehmen eher die erste Lösung an.

Hardterbroich, könnte kaum aus ard = Höhe und cymr. tir = Land, Land an der Höhe + keltisches Anlaut-H (zweite keltische Form) entstanden sein.
Vielmehr ist ureuropäischer Einfluß anzunehmen: H- ardt < rath, durch Konsonantenumstellung entstanden. Rath Bezeichnung für Burg, Festung

Halmai, Harmai, Hermai (Neersbroich)
Dahinter steckt ein keltisches salvo = Schmutz, cymr. salw., acorn. halou > hal,
mai = kelt. mag = Ebene, Feld wie in Mailändersbenden in Kleinenbroich, Hückelsmay bei Krefeld
Hier wirkt sich dieselbe sprachliche Eigenart wie in heim, bei kelt. sento, cymr. hin, him, heim aus
Harmai vermutlich aus ureurop. har = Kies (har-kozkor) und mai = Feld, "steiniges Feld"
Hermai vermutlich aus ureurop. her-ri = Dorf, Gemeinde, Volk und ureurop. mai-la = Ebene, Schicht also Dorf-Feld. In diesem Bereich soll früher ein römischer Gutshof ausgegraben worden sein.

Harmai und Hermai stellen jeweils ein Verbindung von ureuropäischen und urkeltischen Wortbestandteilen dar.
In Anbetracht der Tatsache, daß in Korschenbroich auch nicht ein einziger Flurname als romanisch erkannt werden konnte, könnte ein urkeltischer/eburonischer oder ureurop. Siedlungsrest eher möglich sein.

Hellweg
Eigentlich Hellwede, Halwede, sal = hal oder hel = Schmutz, (S>H) weg entstellt von Wede (dann eigentlich Hal-wede feucht-schmutziger Wald.)
Wede von urkeltisch widu = Wald.
Oder auch von cymr. wey = Bach, dann wäre Hellweg ein Schmutz-Bach.

(Ein Hellweg, wie er am Südrand des Münsterlandes verläuft, hat anderen Ursprung, wenn auch vorkeltischen. In diesem Falle kommt Hell von kelt. sal, cymr. hal, aber mit der Bedeutung = Salz, wie auch Hallstatt; der Hellweg ist damit ein wirklicher Weg, eine Salzstraße. Auch hier ist vorkelt. S zu H umgewandelt worden, aber nur in den britonischen keltischen Sprachen.)

Hoferbend
Es scheint, daß hofer von hufen kommt, hufen von urk. soimeno = Rahm, ahd. Honigseim, also vielleicht Honigbend (S>H)

Hoppbroich
Hop, könnte von soqo- = Harz herrühren. Soqo wird zu sopp zu hopp. Dann hieße Hopp eigentlich Föhre, Kiefer, die durchaus an den Ufern der Urstromtäler auf Sandböden wachsen. (S>H)

Herrenshoff
Alter Name für Herrenshoff ist laut Bremer Haringshopp. Ureuropäisch harr-apa = Plündern oder sar-raski = Gemetzel (s=h), - ing = Umgebung

und hop = -hoven. Also Dorf, das rundherum geplündert wurde oder in dem ein Gemetzel stattfand.

Herzbroich
Herzbroich hieß früher laut J. Bremer Hexbroich. Das passt genau zu der Deutung aus urkelt. seska = Binse, Riedgras, ir. sesc, cymr. hesg (S>H), aber schon ureurop. seska = Binse.

Hasseldamm
Hassel = urk. sasjo = eine Feldfrucht, gall. (s)asiam, cymr. haidd = Gerste, ncymr. had = Saat, wahrscheinlich ist aus dem idg. sasjo das ahd. ezisc, esisg, ezzisk, mhd. ezzisch = Saatfeld entstanden. (S>H) "damm" von cymr. dam-sang = Tret-, Trampel-pfad
Damit dürfte die übliche Deutung als „Hasel"-damm widerlegt sein. Das Anlaut-H ist durch das Cymrische bedingt.

Hulder
M.E. von ureurop. sor-(ginkilo) > (s > h, r > l), also sor > sol > hol > hul. Sor > hull = Binse, de Hüll = Binsenland

Holler
urk. sollo- = vollständig, also ungeteiltes Land.

Hütte
Es fällt auf, daß die Bezeichnung –hütte in unserem Gebiet sehr stark vertreten ist und sonst nirgendwo, wenn man von wenigen Orten mit ehemaliger Eisenverhüttung, z.B. in der Eifel absieht. Da fast nur Orts- und Flurnamen mit Anlaut-H bestehen, die auf cymrische Wurzeln zurückgehen, stellt sich die Frage, ob wir im Falle „Hütte" nicht doch eine cymrische Wurzel übersehen haben.
Wir suchten und fanden urk. sodja = Ruß, cymr. huddygl. Sollte dem Wort Hütte im Korschenbroicher Raum der Sinn „verrußt, verraucht" innegelegen haben? Ist das cymr. Wort "hudd" später vom deutschen Wort Hütte überlagert worden?

Wir können uns eine flächendeckende Umwandlung von idg. cud zu Hütte im Zuge der 1. germanischen Lautverschiebung für unseren Raum nicht vorstellen, wo zudem die zu idg. cud gehörenden Wörter Kotten, Kate daneben bestanden und bestehen blieben.
Wir haben hier wieder die Umwandlung von S zu H, ureuropäisch sutondo = Kamin zu Hütte, übrigens gleicher Stamm wie urk. sodja, cymr. huddygl.

En de Hüll
Da alle Wörter mit H als cymrisch bzw. ureurop. erklärt werden konnten, so besteht die Möglichkeit, daß Hüll aus einem ureurop. Wort abstammt. Und wirklich:
M.E. von ureurop. sor-(ginkilo) > (s > h, r > l), also sor > sol > hol > hül. Sor > hüll = Binse

Hamm
von urk. semino- = Rohr, ir. seimin, ahd. semida = Binse cymr. hem-iau = Rand, Grenze, Saum, einschließen, einengen, einzwängen
Damit sind die Namen auf H in Korschenbroich <u>ausnahmslos</u> durch Umwandlung von cymr. S in H entstanden.

Die wichtigste Erkenntnis in diesem Zusammenhang ist die, dass nicht alle Namen mit H-Anlaut germanischer Herkunft sind, sondern dass es auch im Keltischen, und da in den britonischen Sprachen, also im Cymrischen und Cornwalisischen, im Gegensatz zu den goidelischen Sprachen, also im Irischen und im Gälischen (Schottischen), eine Umwandlung von Anlaut-S zu Anlaut-H gegeben hat. Und davon ist die geographische Namenwelt in unserem Gebiet besonders stark betroffen.
Die meisten der Namen mit Anlaut-H stellen sich als urkeltisch heraus, mit cymrischer Umformung von S zu H, bei tieferem Forschen aber finden wir meist ureurop. Wurzeln mit gleichen Lautverschiebungsregeln. Von allen Namen überwogen, aber nicht wesentlich, die Namen mit K im Anlaut.

Am Kerper Weiher
Kühedrenck
Klarissenbend
Kotten Schlot
Kirchenbend
Krahnendonk, Krohnen
Korschenbroich
Kaarster Hütte
Knalappend

Krünsend
Krämpe Dämm
Korkamp
Klotzkamp
Kell
Kälberbend
Kollenburg
Kücksbend

Das Nebeneinander von anscheinend verschobenen und unverschobenen Namen ist noch nicht einwandfrei geklärt.
Pengter und Puttschen sowie Bend, End, alles dies in nächster Nähe, erfordern neue Antworten. Dasselbe kann für die Umwandlung von P in F gelten, Beispiel Friemer aus Primer, (Preimi = Remer?), aber warum wurde nicht pent zu fent oder Venn, warum wurde Pent zu Bend, P zu B und t zu d? Warum wurde plot zu flott und nicht zu flatt?
Hier bleiben Fragen offen, die erst in dem Teil "Der Nordwestblock nach Hans Kuhn" überraschend geklärt werden können.

Auch der Namenforscher J. Udolph wunderte sich, daß P-Anlaut nur einige km von der Fuse, einem verschobenen Gewässernamen, vorkam.

Es scheint, dass das Germanische hier erst spät auf ein Rest- Indogermanisch stieß, vielleicht bedingt durch die zurückgezogene Lage, als die 1. germanische Lautverschiebung nicht mehr voll zur Wirkung kam.
Das kann zu einem Zeitpunkt gewesen sein, als auch die Umwandlung von o in a nicht mehr lange erfolgte.
Allerdings sind auch Zweifel angebracht; wenn, wie H. Kuhn richtig sagt, im italischen (lateinischen) und anderen Sprachen ein H und F auftauchen, "hic, habere, fluere", so kann man Zweifel haben, wie und wann

die 1. germanische Lautverschiebung erfolgt ist. Ist sie, die Lautverschiebung, so eindeutig und einzig der germanischen Sprache zuzuordnen?

Könnten nicht schon einige Orts- und Flurnamen viel früher oder viel später von K zu H gewechselt sein?

Denn zwischen dem Auftauchen von H-Wörten im Lateinischen und dem Ende der Wirkung der Lautverschiebung im germanischen Norden liegen dann mehr als tausend Jahre.

Warum sollten bei den abgewanderten Stämmen der Italiker u. a. die vielleicht ersten verschobenen Wörter auftauchen und bei der verbliebenen Bevölkerung die begonnene Entwicklung nicht weitergegangen sein? So erscheinen die Flurnamen mit H und K, P und F, d und t doch sehr zweifelhaft.

C4. Die Namen mit anlautendem S

Nach der allgemeinen Betrachtung und einem Deutungsversuch für die in Korschenbroich und Umgebung gefundenen Namen blieben noch eine ganze Reihe von Namen ungeklärt.

Aufgrund des Hinweises von J. Bremer habe ich alle Namen auf S kritisch angesehen.

Zunächst wurde meine Aufmerksamkeit auf Stollenhof, Salfenstraße (Zalfenstraße), Schwohenend, Stadt und Schrödt gelenkt.
Dabei fielen neben den Namen, die mit S beginnen, auch solche auf, die mit Z beginnen.

Es hat sich schon verschiedentlich als richtig erwiesen, dass wir nämlich auch wirklich deutsch klingende Namen, die mit der Topographie vermeintlich übereinstimmten, am Ende doch eher einer idg. Wurzel zugeordnet haben.
Siehe Eschert, vermeintlicher Eschenwald, ist doch auf keltisch asc, esc = Wasser zurückzuführen. So urkundlich aschara = Escher.
Häufig ist es dann so, dass die Wurzel auch für das deutsche Wort gilt, weil es übernommen worden ist; manchmal besteht auch eine Urverwandtschaft zwischen den Wörten.
Die Erscheinung, daß vor manche Wortstämme ein S anlautend gesetzt wird, ist im indogermanischen weit verbreitet und kann auch an ureuropäischen Wörtern demonstriert werden. Beispiele:
"stumm" aus tum, aus ureurop. mutu = stumm, mit Konsonantenumkehrung, frz. muet = stumm.
"Schmutz" aus urk. mutso-, aber auch aus ureurop. mutxi = Schmutz
"Schnee" aus ureurop. negu = Winter.

Man spricht hier auch von einem "mobilen idg. S." (H. Krahe, Indogermanische Sprachwissenschaft, S. 85),

Am Schwohenend
Alte herkömmliche Deutung: Noch um 1860 ein vom Dorf Glehn getrennt liegender Ortsteil, der nach Bremer (Liedberg S. 15) auf einen mittelalterlichen Hof Zwouen (wohl zu(r) Aue) zurückgeht (Kirchhoff, Glehn, S. 168).
Neue Deutung: vermutlich von urk. s(p)eano- = Fingerhut, s > Sch, p > w; das „-end" zeigt schon an, das der erste Namensteil wahrscheinlich ein altes Wort ist. Also ein Bend, in dem Fingerhüte wuchsen.

Stadt
Urk. ta = zerfließen, tauen, cymr. tawdd = schmelzen, toddi = schmelzen, Stad = Sumpf, Moor, oder Eß-tad.

Schrödt
Von urk. kreitro- = Sieb, ir. criathar, acymr. cruitr. corn. croider, bret. croezr, Eß-kröd =Schrödt,

Der folgende Name hatte allen Anschein, ein vorlautendes S zu besitzen.
Am Schroof
In Hessen ein Schreufa, (Scrufi) an Nuhne und Nienze (nö. Frankenberg a. Eder), „wo" laut Bahlow „viele Namen von vorgerm. Bevölkerung zeugen, reicht wie alle in älteste Vorzeit zurück, wie schon die Einmaligkeit des Namens verrät: scruf (sonst nirgends greifbar) muß auf die feuchte, einst sumpfige Lage deuten". (430 Schreufa)
Aber im Lateinischen findet sich ein scrofa = Schweinestall, s-cro-fa, Bezug zu Schmutz ist unübersehbar, zu cor = idg. Schmutz, cro = cor, urk. korokasto = Rohr, acymr. cors, ncymr. corsen, auch in dem Wort Korschenbroich enthalten <> verwandt lat. hara = Schweinestall und ureurop. sor-(ginkilo) = Binse

Der Name Zoppenbroich machte Schwierigkeiten:

Zoppenbroich

Zunächst glaubte ich, wie bei Zalfenstr. irrtümlich, von „Zum Hoppenbroich" ausgehen zu können. Man bezeichnet einen Wandel von K zu Z als Zetazismus.

Diese Wandlung von K zu Z fand laut M. Banniard zwischen 650 und 750 im romanischen Sprachgebiet statt, muß aber auch außerhalb wirksam gewesen sein, wie der Fall Kersen/Zerßen (bei Rinteln) annehmen lässt. (Michel Banniard, Die Franken zwischen Spätlatein und Altfranzösisch)

Nachdem ich einen Flurnamen Sobbenbroich gefunden hatte, war mir der keltische Ursprung mit seinem Anlaut-S klar. Der Zetazismus war hier ein Irrweg.

Sobbenbroich von urk. soqo- = Harz, cymr. syb-wydd = Föhre, Grundform soqo-widu = Föhren-Wald, Sopp>Hopp

Zalfenstraße

Im Gegensatz zu der geläufigen und auch einsichtigen Deutung als „Zum Halfen", also einem Hof, der von einem Halbwinner geführt wird, steckt doch ein idg. calv-en dahinter.

Straße, „strot" = kleines, nasses Gehölz

1. Deutung:

Von urk. kalamon-, kulmo- = Halm, Stroh, ncymr. calaf, Pl. calafon = Rohr, Halm, calven, oder calfen > Zalfen (Zetazismus), siehe Kälberbend, Kälberdonk, urkeltisches calv = Rohr, Binse zu Kalb entstellt.

2. Deutung:

Von Albiniani, auch Albaniani, einem Stamm der Kelten, laut Stokes "jetzt Halphen am linken Rheinufer". Verwandt der Name Albion für Britannia, und Albiones die Bewohner Britanniens.

Stollen entpuppte sich als Es-tollen:

Eßtollen, Stollenhof

„Eß-tol" = Gewässername (551 Zoller), genauer toll = keltisch, Bedeutung Loch, Graben

Von urk. tukslo-s = hohl, cymr. twll, toll = hohl, das Hohle, Loch
Und Tohlen, Tulen, Thoelen sind geläufige Familiennamen im Rheinland.

Das Anlaut-S in keltischen oder vorkeltischen Ortsnamen könnte (sehr wahrscheinlich!) auf einen alten demonstrativen Pronominalstamm „se" und „so" (ähnlich wie im Gotischen „sa" = dieser) hinweisen.

Ir. ni-s-gaibed = lat. non eam capiebat.

Ir no-s-bered = lat. non eam potabat.

Mcymr. s = ir. s in ny-s-gweleis = lat. non vidi eum.

Corn. a-s-clewas = lat. eas audivit (Stokes, Urkeltischer Sprachschatz, S 292).

D. Der Einfluß des Indogermanischen auf Orts- und Flurnamen

D1. Korschenbroich und Umgebung

D1.1 Korschenbroich

Korschenbroich
1127 taucht zum ersten Male der Name Crismeke auf (lt. Gysseling)
1218-1223 Kirsinich
1225 Kirssemig (lt. Gysseling)
1230 Kirsemich
1280 Kirsmec, (eine Kersenbeke fließt zur Lenne, heute Kirsmecke)
1341 in hochdeutscher Lautung Kirsmich
1405 Kursmerk
1519 Cirschemich, Curschemich
1580 Kirschen-, Kirsen-, Kerschen-, Kersen-, Korschen-, Korsen- broich oder -broik.
1699 heißt es „Kersemich of Korsenbroich"
„Der Name bezeichnete sehr lange die ganze Millendonk. So werden Untereich 1223, Hof Hof 1280, Klippertzmühle 1331, Niever 1393 als in Kirsmick liegend genannt.
1628 heißt Domberg „im Korsenbroich an der Leuten", 1670 Vietenhof „im Kirschenbroich." (J. Bremer, Millendonk, S. 8)

Cirs bzw cors sind alte Wasserwörter, cors bedeutet im Keltischen Sumpf, im Irischen curchas, im Altcymr. ist cors = Rohr, im Ncymr. corsen = Sumpf, Morast, Moor, auch Schilf, Ried, Stengel, Halm, Stiel, Rohr, siehe Corsendonk am Niederrhein, cors wiederum kommt von ncymr. cors = Ried, ureuropäisch gorotz = Kot, Mist.
–mik und –mecke sind ureuropäische und zugleich altsächsische Formen von –beke = Bach.

Allerdings ist diese Erscheinung der Umwandlung von „m" in „b" keine germanische, sondern eine auch keltische, letztlich aber eine ureuropäische Erscheinung.
Das Wort taucht im Straßennamen „Am Cirsmichhof" wieder auf.
Nun stellt sich die Frage, wie kommt –mecke, -beke an den Niederrhein?

In Korschenbroich gibt es, im Gegensatz zu Kleinenbroich, Liedberg und Glehn, einige Höfe mit altsächsischer Hausform.
Anscheinend haben in der Folgezeit nach der ripuarischen Landnahme die Chamaven, ein germanischer Stamm, von Norden kommend einen Siedlungskeil bis nach Korschenbroich getrieben.
Dann könnten die Erbauer der sogen. altsächsischen Höfe auch die Träger der altsächsischen –mecke oder –micke oder –beke-Namen gewesen sein, wobei sie den alten Namen Cirs- der angestammten Bevölkerung als Bachnamen weiter benutzten.

Das könnte den Schluß erlauben, daß die Chamaven keine Germanen, sondern Nachkelten oder Belger waren. Wir müssen das offen lassen.
Cirs scheint wie cars ähnlichen Ursprungs zu sein, eburonisch oder ureuropäisch.

Daß der Wasserlauf nicht cirs, sondern Siep genannt wurde, bestätigt die These von der altsächsischen Herkunft. Siep bedeutet „feuchte Bodensenke, Wasserlauf" und ist gleichbedeutend mit Siek.
Hans Kuhn weist darauf hin, daß im Germanischen Gutturale und Labiale miteinander wechseln können (Kuhn, Das letzte Indogermanisch. S. 18).
Siek ist aber ebenfalls ein altes Wasserwort, daß vielleicht im germanischen wie im eburonischen vorkommt und damit auch verstanden wird.
Fränkisch hätte das Wort Siev oder Siefen heißen müssen.
Das „kirs" ist anscheinend sehr alt und hat die 1. germanische Lautverschiebung nicht mitgemacht, ebenfalls nicht cors und corsen, weil diese

Wörter noch eingebettet waren im lebenden eburonischen Sprachgebiet, das noch nicht zur deutschen Sprache übergegangen war.
"Kirs-" ist zurückzuführen auf ein ureurop. Wort "keru-" Gestank, "kirats" stinken.
Broich stellt eine Variante zu Bruch dar. Während Bruch letzlich auf *broka zurückzuführen ist, gibt es im Keltischen das Wort breoch, für Rand, Ufer, Auenland, von urk. vroiko-s = Heide, Heidekraut. In Schottland ist ein Ortsname Broich überliefert.

Myllendonk
Donk bedeutet „Hügel in Sumpfgegend
Eine ureuropäische Deutung ergibt sich aus mil von mil-ika = ablecken, lecken, d.h. feucht, und Donk aus ton-tor = Hügel, Berggipfel + einem Plural-k zu don-k.

Fragenhütte
Auch als Fergenhütte überliefert.
Urk. verg = wirken, oder ir. fairge = Meer
Vermutlich sehr nasses Umland, da fairge = Meer.
oder urk. vragi- = Hürde, ir. fraig = Wand, gäl. Wand aus Flechtwerk, Dach, skr. vraja = Stall, Hürde.
Die zweite Deutung ist wahrscheinlicher.

Ruhrenhütte
Hat den Namen vermutlich von einem alten prähistorisches Wasser- und Sumpfwort "rur".
Bahlow verweist auf die verschiedenen Flußnamen lautend auf „Rur„ (Es ist nach unserer Arbeit nicht mehr fraglich, ob das Wort „Rur" indogermanischen Ursprungs ist oder vorindogermanisch; es ist vorindogermanisch = nicht-indogermanisch = ureuropäisch.
Im Baskischen gibt es ur = Wasser, ein Anlaut-R gibt es nicht, es ist irgendwann entfallen bei der Entwicklung vom Ureuropäischen zum Baskischen). Allerdings erwähnt Holder

(Alt-Celtischer Sprachschatz. Sp. 1084) rura als *raura, idg. (behauptet) reu, rou, ru, davon sei Ruhr. Die idg. Form aus dem Ureurop. übernommen.

Bauernhütte
Der Namensteil Bauer scheint ins Hochdeutsche übertragenes „bur" zu sein.
Im urkeltischen Wortschatz als "Bauer" nicht zu finden. Vielleicht vorindogermanisch?
Vgl. auch Bauerbahn bei Neuß, dieses hat ein bahn = pan = Sumpf.
Eine ureurop. Lösung über ureurop. bor- = Kämpfer sagt vielleicht, daß Bauern gleichzeitig auch Kämpfer gewesen sein könnten.

Lappskamp
Vermutlich von urk. lubi- = Kraut, ir. luib, siehe auch Labkraut
Kamp von urk. kumba = Tal .

Grüner Zierdenweg
Von urk. kreu(p)enna = Rinde, Kruste, cymr. crawen, Kruste auf rasch getrocknetem Erdreich
Tir = trocknes Land, urk. tersos = trocken, Land, ir. tir, acymr. tir = Grundstück, Landgut, corn. tir = Grund und Boden, Landgut

Zierden
Siehe oben urk. tersos = trocken, Land, ir. acymr. tir = trocken, Landgut.

Eschert
Hierin kann ein vorindogermanisches Wasserwort asc- stecken. Im übrigen ist die Variante esc (fürs Keltische) als Sumpfwort bezeugt.
Escher bei Rinteln beruht auf ascari = Sumpfwort. Deutung als esk = Wasser und ert = (p)ert = Furt, > Wasserfurt. Ureurop. aska = Tränke

Knalappend
(aus Reglement zur Reinigung der Triet)
Von urk. kano-, kannallo- = Rohr, Ähre, cymr. cawn = Ried
Urk. lubi- = Kraut, ir. luib,
Also ein von Riedgras besetztes Bend.

Neggesch
Nek, nik, siehe auch Necklenbroich bei Büderich/Meerbusch, linksrheinisch nördlich Neuss, am gleichen Urstromtal gelegen.
Von urk. nigo = waschen und (p)esti- = Wasserfall, ir. ess, da es in Korschenbroich keine Wasserfälle gibt, ist wohl eher schnellfließendes Wasser gemeint.
S.a. Nickeloch zwischen Büttgen und Kleinenbroich, leider nicht lokalisierbar. Gleichen Ursprungs auch Nixe, Nöck.

Hüssen Füssgen
siehe Kap. C3

Haushütte
siehe Kap. C3

Heckerbroich
siehe Kap. C3

Hardterbroich
siehe Kap. C3

Halmai, Harmai, Hermai
Siehe Kap. C3

Hoferbend
siehe Kap. C3

Hoppbroich
siehe Kap. C3

Herrenshoff
siehe Kap. C3

Herzbroich
siehe Kap. C3

Am Wiener
Win = urk. vind = weiß, (526 Weinheim)
Im Keltischen findet sich immer wieder, daß Felder als „weiß" bezeichnet werden, vermutlich gleichbedeutend mit naß.

Auf dem Wiemer
Siehe oben, Win   (526 Wiene, Weinheim) = Nässe?

Liesenbenden
urk. lussu- = Kraut, cymr. llys

Lüschblech
Siehe unten „Lüschbleck"

Lüschbleck
Lus (los) zu lusc = Sumpfpflanze , auch im platt Lüsch = Binsen, s. urk.
lussu = Kraut, cymr. llysiau = Kräuter, Lüsch, Liesch = Schilf im Platt
(H. Köhnen „Unges Platt", S. 71)
Bleck = nasses freies Land

Zillesbleck
Vermutlich von urk. telia = Lindenbaum, dann Wandlung von T zu Z.
Bleck wie oben.

Geedisch (zwischen Herzbroich und Raderbroich)
Von ir. ged = Gans
Ess = (p)esti- = Wasserfall
Gänse auf fließendem Gewässer

Kirchkamp
Eigentlich „Kirs kamp", ein Kirsch-kamp dürfte es genauso wenig sein wie ein Kirch-kamp.
Kir, ker, kor, kar, kur oder mit s-Erweiterung wie kirs (263 Kirn), kirs = Sumpf, stinkend.
Kamp wie schon erklärt.

Gilleshütte
Zu urk. gelo-s = weiß.
Siehe auch Gillbach, im Erfttal bei Grevenbroich und Neuss.

Dyckerbroich
Siehe auch Dickbach; die Bezeichnung dyk für Bach war in Kleinenbroich noch in den letzten Jahren gebräuchlich. Urverwandt mit Deich.
Ureurop. tegi = Anstalt, Anlage, heißt hier eingedeichter Fluß
Siehe unter Fluß- und Stegnamen.

Hecker Broich
1. Deutung: Hesg zu urk. seska = Binsen, Riedgras, cymr. hesg > Hecker, auch als Hegge überliefert.
2. Deutung: Im cymr. kommt es vor, daß ein H vor einen Vokal gesetzt wird. Daher kann es sein, daß eicker zu Heiker oder Hecker wird, also eigentlich ein Bach-Broich oder ein Mühlen-Broich, Eihera = Mühle.

Elschenbroich
urk. elko-s = schlecht
Ein schlechtes Broich.

Ellerbroich
Verschliffen aus Enner zu en (an) = Sumpf, zu eller, (Bahlow S. 111 Stichwort Ellar), n und l gleichwertig.
Also kein Erlenbroich, sondern ein Sumpfbroich.

Stockbroich
1. Deutung:
"Stockfleth/Bremen und die Stockschlade b. Wissen a. der Sieg beweisen durch die Zusatze fleth und schlade, daß nicht Baumstöcke gemeint sind, sondern stagnierendes Wasser (vgl. stocken „erstarren, gerinnen" gestockte Milch, stockig, stockfleckig). Vgl. uffm Stocksieke 1590 in Wülfer in Westf." (Bahlow S. 465 Stichwort Stockfleth)
2. Deutung:
Urk. stoukki- = Vorsprung
Irgendein Vorsprung, landschaftsbezogen, den wir nicht kennen.
Letztlich unklar.

Löndonk
Von urk. leino-s = Gefilde, cymr. llwyn = Hain, Wald, gesprochen loin
Donk = bewaldeter Hügel im sumpfigen Gelände

Scheel
Zu cymr. celli = Wald, s-celli

Am Kohrkampbusch
Kor = Schmutz, dt. Hor- = Schmutz-

Am grünen Weg (in fast jedem Ort anzutreffen)
Grüner Weg: urk. kreu(p)enna = Rinde, Kruste, cymr. crawen, crawennu = lat. incrustare = beschmutzen, Weg der bei nassem Wetter schmutzig ist, der aber beim Trocknen zu einer harten Kruste wird

Flurnamen, die J. Bremer in seinem Buch „Millendonk" überliefert hat, soweit sie nicht schon genannt oder erklärt sind:

a) aus Korschenbroich (S. 584)

Zu Korschenbroich **an der Mar** neben dem Grünen Weg
Mar = kelt. mori = Meer

Ein Stück im Dorf, **die Spitz** genannt
Vermutlich von urk. sei(p)ato-s = Sumpfvogel, Ente, sumpfige Bodenstelle
Urkeltische P sind oft noch in Orts- und Flurnamen erhalten. Siehe auch Vorhaupt.

Im Kessel neben dem Grünen Weg, s.o. Grüner Weg
Urk. kastro- = Stadt, ir. caissel = Bollwerk

Im Korschenbroicher Feld
an der Himkesheck
Him = Weg, urk. sento-s = Weg, lat. semita = schmaler Fußweg, Pfad, Weg, cymr. hynt = Weg
Also keine Himbeerhecke, sondern Weg an der Hecke, oder Weg am Röhricht, falls heck von hesk abzuleiten ist.

und **Fragenweg** wie Fragenhütte

Engbrück
Eigentlich Bendbroich.

Pannen**erb** am Hohlweg
Schellen**erb** (in vielen Teilen) vor dem Hofe an den Mistweg anschließend;

Erb = urk. ervo-, erva- = Acker, cymr. erw = Acker, ein Morgen Land
Die **Gemeinde** in der **Viehheggen**
Gemeinde von urk. mokino- = Sumpf, ir. moin, cymr. mawn = Torf
Exkurs Allmende: All von urk. oljo-s = All, mende von mokino = Sumpf
Also ein wertloses Land, was man Allen überläßt.
Vieh von urk. veis = fließen, cymr. gwy; heggen wie hesg = Binse

Hötzpfand
vermutlich von urk. sasjo- = Feldfrucht, cymr. haidd, bret. heiz = Gerste
Pfand vielleicht von urk. vanda = Träne, Zähre, ir. fand = Träne
Gewässer am Gerstenfeld

Im Triangel
Tri von urk. trei, tri = durch
Angel vermutlich von cymr. eang = weit, reichlich
unklar.

Engbrücker **Liek-** und Kirchweg
1. Deutung dt. Leichenweg
2. Deutung urk. leigo, ligo = ich lecke, in der Bedeutung nasser Weg
3. Deutung urk. leksovio- = schräg, cymr. llechwedd schräger Weg (mit Steigung).
unsicher, Topographie beachten.

b) aus Neersbroich (S. 584)

Neersbroich
Zusammengesetzt aus Niers und –broich.
Niers ist ein Fluß zwischen Mönchengladbach und Korschenbroich.
Sie ist die vorgermanische Nersa, nach dem keltischen (und wahrscheinlich bei den Eburonen verbreiteten) Matronenkult der Nersihenae genannt, dazu Neersbroich. Vermutlich ureuropäischer Name.

Maarweg
In dem Namen steckt ein „Moor" oder ein „Meer". (mer-, mar-, mor = Sumpf, Meer) Zumindest führt der Weg in ein Sumpfgebiet, nämlich Trietenbroich, ist also plausible.
Südöstlich der Siedlungsstätte in Trietenbroich am Maarweg bezeichnen die Anwohner ein Gelände mit einer muldenartigen Vertiefung und einem Grabenrest als „am versunkenen Schloß!" (Nauen) Ureurop. Verteidigungsanlage?

Bungterweg
Vermutlich von urk. bonu- = Wurzelstock, das untere Ende, ir. bun, cymr. bon
Ter könnte auf Haus hinweisen, kelt. treb, tref, tre = Haus

Schauten- (Schoten-) weg
Vermutlich von urk. skoto-s = Herrscher, Besitzer

Der Mühlenweg kam von Raderbroich, schnitt hier
den Schmalen Pfad,
urk. smalo- = Staub, Schmutz,
nahm den Kemmerlingsweg auf, durchquerte (heute als Rochusstr.) im Dorfe Hindenburg- (ehedem Häringshoper oder Millendonker Kirchweg) und Mühlenstr. und endete bei Klippertzmühle; (laut Bremer, Millendonk, S. 584)

die Wege zu den alten Kreuzen scheinen die Bezeichnung „weiß" geführt zu haben, vergl. der **Witte Weg** in Pesch, („In Liedberg hieß um 1500 Karfreitag „der Weiße oder Gute Freitag"), wie heute noch in England, hat mit unseren Wegen nichts zu tun, hier irrt J. Bremer.
1. Deutung: Witte von urk. Widu = Holz, Wald, also Waldweg
2. Deutung: Witte von cymr. chwyth zu urk. svetta = Röhre, Pfeife also ein Weg ins Röhricht
3. Deutung: Witte von urk. veidon = Zeuge, Weg der Zeugen (für

eine neue Religion?)
Diese 2. Deutung paßt am besten zu Korschenbroich

der **Weiße Weg** am Hagelkreuz
    Siehe oben unter Witte Weg

Baum-, Broch- oder
Flockenstraße
    Von urk. volko = befeuchten, waschen, Konsonantenumkehr

Knippertzinsel,
Klippertzinsel
    Vielleicht von urk. klevo = ich höre, vielleicht eine Mühle?
    n und l sind lautlich gleichwertig. Lautmalerischer Einfluß?
    Pert = Furt

Bellerweg
    Wahrscheinlich von urk. bali-s = Haus, Wohnung, Ort, ir. bail

Tömp, Tümp
Urk. (s)tombo-s = Busch, ir. tomm = Binsengestüpp
s.o. Tümpsend in Liedberg/Steinhausen
aber auch andere Deutung möglich: urk. tumbo = tunke, ir. tummain = ich tauche ein, lat. tingo, tinxi, tinctus = benetzen, eintauchen, wahrscheinlich verwandtes Wort.

Krünsend
Allgemein als „Quirinsend" gedeutet. Auch „Quirins-anger". Anders bezogen auf einen Gronenhof, Kronshof, Grönshof, aber auch als kren und krens deutbar, (Schmutz, Moder, Sumpf). Krensbach, Krensheim
Siehe unter Krahnendonk
Wahrscheinlicher von urk. kreu(p)enna = Rinde, Kruste, cymr. crawen, ähnlich Grüner Weg

En de Hüll
Siehe C3

c) aus Raderbroich (S. 584)

Raderbroich
auch mda. Roerbrock,
vermutlich von urk. (p)rati-s = Farn, cymr. rhedyn = Farnkraut, corn. reden, mbret. raden;
rad ist ein altes Wasser- und Moorwort, -broich wie oben schon erwähnt; es ist aber auch eine Variante möglich, da Raderbroich im Dialekt Roerbrook ausgesprochen wird, und dann zu ror = Schilf, Röhricht ebenfalls eine Deutung erfährt
Laut Bremer, Millendonk, S. 186, hieß Raderbroich früher Rörbrok.

Lodshof
In urk. und ligur. Namen ist laut Bahlow „lod, lud" bezeugt. Urk. Luta = Schlamm, Lehm, Schmutz, ir. loth = Sumpf, lat. lutum, verwandt mit ureurop. lats = Bach

Am Hufeisen
siehe Kap. C3.

Krückenpfad
Vermutlich von urk. kuruko- = ein hautbedecktes aus Zweigen geflochtenes Boot, ir. curach, cymr. corwc, also vermutlich ursprünglich ein Bootspfad, doch da müssen schon andere Wasserstände gewesen sein als heute.

Breitweg
Vermutlich breit = urk. bratu- = Gericht, ir. brath, cymr. braut, corn. breut, also Weg zum Gericht

Pastoratsweg
Vermutlich von ir. bass oder bos = Klaue, Huf oder Rindvieh
von urk. bousso- = Rindvieh
to = Präposition mit Dativ, deutsch etwa „zu" oder „auf"
cymr. rhath = Fläche, Ebene, urk. razd = reiben, glätten,
also Weg zu einer Kuhwiese

Eschenforst
Vermutlich nicht Eschenwald, moderne Verballhornung. Eine andere Deutung mit aska = Tränke und Forst = vor-st = Festung, Wasserburg ist hier wahrscheinlicher..

Kuhtränk wider die Triet schießend
Von urk. keito-n = Wald, Heide, acymr. coit, corn. cuit, bret. coit
und urk. dragino- = Schwarzdorn, cymr. draen, also Schwarzdorngehölz

Auf der Fliesche
Fliesche von urk. vlkvu-s = feucht, ir. fliuch,

Der Gier am **Rewen**bend
Gier wahrscheinlich von urkeltisch gragi- = Herde von Pferden, cymr. gre, lat. grex

Rewenbend vermutlich von urk. rego = ich friere, cymr. rhewi, gemeint ist ein kaltes Bend

Ein Häuschen an **Ringen Pastors** genannt
Ringen vermutlich von regent = Herr, cymr. rhen
Pas von urk. bousso- = Rindvieh, ir. bos > buas,
tor von urk. turi-, turet- = Turm, cymr. twr, gesprochen tor
also ein Schutzdach für das Rindvieh, das dem lokalen Herrscher gehörte

An **Mollsstöckchen**

Von urk. stoukki = Vorsprung, ir. stuaic = Spitze, Zinne, hervorragende Felsspitze, auch ein Bilderstöckchen kann gemeint sein.
Moll möglicherweise Familienname, aber die Bedeutung von Moll, urk. = Lob, Preis, ergibt einen Sinn: einen Bilderstock zum Lobe und Preise Gottes.

Im **Dresch**

Von dragino = Schwarzdorn, cymr. draen = Schlehe, unbearbeites Land, Driesch
oder von ureurop. digeri = verdauen, Kot (mit Konsonantenumstellung), wahrscheinlicher

Raderbend

s.o. Rader

"Das eine Vorhaupt am Scheulen **Fahrloch**, das andere die Triet"
Urk. ver = Wasser, fahr = Wasser
Urk. laku- = See, ir. loch, corn. Lagen = See, Teich
Also See, Teich.

Ein Stück **Hundsröck** genannt

Hunds vermutlich entstellt aus urk. seno-s = alt, cymr. hen, hun
röck vermutlich von urk. rog = wählen, rogu = Auswahl, also vielleicht Auswahl eines Stück Landes, das einem Ältesten, einem Hunnen gehört.

Das **Bendbroich** über den Wasserweg

Hier taucht ausdrücklich die eigentliche Bedeutung von Engbrück auf.

10 M. **Püllenbusch**

Von Cymr. pwl gesprochen poll, = Pfuhl, Teich, Grube, Loch
Ein Püllenhof in Kleinenbroich hieß noch um 1800 Bollenhof.

Im **Siep** vor der Mündung des Herzbroicher Grabens in die Triet
Von urk. sei(p)ato-s = Sumpfvogel, Ente, >sumpfige Bodenstelle

Kemmerlings Weg
vermutlich von komber, urk. kombero = Vereinigung, vereinige, ir.
commar = Zusammentreffen von Tälern, Strömen oder Wegen, cymr.
cymmer, bret. kemper,   Kemmerling = auch Familienname

Am **Rukes**
von urk. rusko- = Rinde, Korb, ir. rusc, corn. rusc, mhd. rusche = Binse

d) aus Herrenshoff (S. 584)

20 Morgen Land an der **Lapel**
Lapel vermutlich zu urk. leima = Linde, Ulme,   lei(p)ma zu lit. Lepa = Linde, cymr. llwyf,

Kuhweide
Kuh von urk. keito-n = Wald, Heide, acymr. coit, ncymr. coed, lat. cetum,
Weide von urk. vidu- Holz, Wald
Also Heidwald.

Köttlengsfeld gegenüber der Schule
Vermutlich von urk. katu- = Kampf und urk. lango- = Schmach, Verrat, Schimpf, „Kampf, Schlacht der Schmach", ein Name, der nicht auf Landschaft bezogen ist und von der (Un-)Kultur zeugt.

Gegenüber dem neuen Wasserweg **der Eschenfrehn,** zwischen Niever und Schaffenberg
Eschen von ureurop. aska = Tränke, ir. esc,
Frehn vermutlich von urk. verno- = Erle

Die **Mar** bei Niever
Von mori = Meer

Liebeweg
Von urk. leima = Linde, Ulme, cymr. llwyf , also ein Linden- oder Ulmenweg (Vertretung m und b)

Kutschweg
von ureurop. kutsa = verschmutzen, verschmutzter Weg

Kark von Niever nach Domberg
Vermutlich von urk. karsekki- = hart, steinig, ir. carric = Fels, Stein, acymr. carrecc

Der **Rinngraben** bildet die Grenze gegen Neuwerk von Domberg bis Schönrath. Rinn läßt mehrere Deutungen zu.
    1. Deutung: urk. reino-s = Strömung,
    2. Deutung: urk. regent = Herr, cymr. rhen, ein Herrengraben ist wohl eine Grenze
Wahrscheinlich ist die Zweite.

e) aus Herzbroich (S. 584)

Herzbroich
Ein Herz- oder ein vermeintliches Hirsch-broich kommt wohl nicht in Frage.
So berichtet Bremer, Millendonk, S. 186, daß Herzbroich ursprünglich Hexbroich geheißen habe. „Als das Wort Hexe durch den Aberglauben einen unheilvollen Klang erhalten hatte, nannten sich die Hexbroicher seit dem 30jährigen Kriege nur noch Herzbroicher."
Von urk. seska = Binsen, Riedgras, ir. sesk, cymr. hesg, corn. heschen

Im **Hahn**
aus urk. (p)ana = Sumpf, gall. anam. Mit Anlaut-H.

Lievensteg
Urk. lavo- = Wasser

Eicker **Kau**
Urk. kagi = Zaun, Hecke, Gehege, Stall, Garten, acymr. caiou (pl.) cymr. cae, ureurop. eihera = Mühle, also Mühlen Anwesen

Püllenkamp
Von Cymr. pwl, gesprochen poll, = Pfuhl, Teich, Grube, Loch

Huppertzweg
Vermutlich hopp + (p)ert, pert = Furt, Übergang, aber auch Familienname.

Auf dem **Dresch**
Siehe Driesch

f) aus Trietenbroich (S. 584)

Trietenbroich
Zusammengesetzt aus Triet und –broich
Urk. sredo = Strom, Guss, acorn. s-tret(h), mcorn. s-treyth.
Eine andere ältere Form ist Dreith (noch 1746)
Trietenbroich hieß nach Bremer, Millendonk, S. 186 zwischen 1800 und 1900 Triftenbroich..
Idg trid, tret = „Kot", altdt. Drit „Schmutz, Kot". Verwandt mit der Form, die auch im Keltischen auftritt.
Tieftenbroich von ureurop. trip-aki = Kutteln, Kot, also Bach mit wenig Gefälle und wenig Wasserdurchfluß.

Königskamp,
König entstellt aus cymr. cawn = Ried, Stengel, von urk. kano-, konallo- = Rohr, der **Taubengraben** gegenüber Rheydt, Tauben von urk. dubo = dunkel, schwarz

die **Magistergemeinde** in Neersbroich
Magister Gemeinde: mag von urk. makaia = Feld
Ister von ir. ichtar = untere, also unteres Feld
Gemeinde = entstellt aus ir. moin = Sumpf, urk. makni, mokni = Sumpf, cymr. mawn; es kommt vor, daß ein vorkeltisches Stammwort mit deutschen Vor- oder/und Nachsilben ergänzt wird

Jorissenerb am Trietenbroich neben dem Bornbäumchesweg
Von ureurop. jori = reich und kelt. rix, rissen = König
erb = Acker
Eines (ehemals) reichen Königs Acker.

Maierweg heißt die südliche Abzweigung des Hohen Weges zur Hermai hin, mit Maier- und Hohem Weg bildet der Mühlenweg ein Dreieck, er setzt sich fort in der **Huchter** Straße in Neersbroich bis zur alten Niers
Huchter urk. (p)ukta = Fichte, ir. ochtach = Fichte, Föhre, mit Anlaut-H

D1.2 Pesch

Pesch (Bremer, Millendonk, S. 584)

Pesch
Ortsteil von Korschenbroich. Allgemein wird Pesch auf lat. „pascua = Weide" zurückgeführt. Pesch im Rheinland auch lang als „Peisch" ausgesprochen für Weide hinter dem Hause. Das „Pas" könnte auf idg. „bos" zurückzuführen sein und bedeutet Rindvieh.
Eine andere Deutung geht von ureurop. "bazka" aus, bazka = Futter, Mast, bazka = weiden, grasen.
Da wir kein urk. Wort für weiden kennen, nehmen wir eher an, daß sowohl das lateinische pascua wie unser Pesch, peisch aus dem Ureuropäischen stammen.

An der Faulingskaul auf dem Röder genannt
Faulings vermutlich von urk. vailo-s = Wolf, ir. fael,
kaul von kolia = Keller, Magazin, ir. cuile, also Wolfskul
Röder vermutlich von urk. razd = reiben, glätten, cymr. rhath = Ebene, Fläche, Wiese

Ein Vorhaupt Neußer-, das andere Grüner (Heiligenhäusches-) Weg
Vor = vur = Grenze
Haupt von sei(p)ato-s = Sumpfvogel, Ente, cymr. hwayd, corn. hoet, mbret. houat, sumpfige Bodenstelle?
von kelt. arepennis = halber Morgen Landes, auszugehen ist von "Stirnseite des Ackers"; von da aus entwickelte sich der Begriff zur Maßeinheit; vgl. mhd. fürhoubet auch "Stirnseite des Ackers" und "ein vor einem Acker gleichsam als Kopf desselben liegendes Stück Boden", ir. airchenn
Heiligen von acymr. helic = Weide, corn. heligen, urk. saliks = Weide
Häus von corn. huis = Alter. Zeitalter, urk. aivestu-s „Weg an alten Weiden"

Das Pescher Brok bei dem **Breidenpohl**
Breiden wahrscheinlich von urk. bragno-s = stinkend, cymr. braen, bret. brein

In der Engbrück am **Weinsches Weg** gegen Deusters- oder Hermgeserb (770), dem Kloster Hinterhoven gehörig
Urk. vindo-s = weiß, ir. find, siehe auch Weinmark, „weiß" bedeutet im Keltischen nass.

Das Erb **am Gottesbäumchesweg**
Erb von urk. ervo- erva = Acker, cymr. erw
Gottesbäum von urk. gazdo- = Weidenruthe, ir. gat= Weiden und bonu- = Wurzelstock, das untere Ende > Weidenwurzelstöcke

Himchesweg
Wahrscheinlich von him aus sento-s = Weg, cymr. hynt, mbret. hent, mcorn. hins
Doppelbezeichnung, weil man den ersten Teil des Namens nicht mehr verstand.

Wimchesweg
Vermutlich aus vindo-s = weiß, ir. find, cymr. gwynn, corn. guyn, bret. guenn weiß, also ein nasser Weg.

Land an der **Voetzstraße** vorhäuptig das Hoppbroich
Voetz vermutlich von urk. votajo-, votno- = Grundlage, Boden, ir. fotha, cymr. gwadn, corn. goden, nicht Vogtstraße, Entstellung.

Der Pfad auf **Breidenbroich** im Pescher Feld
Breiden wahrscheinlich von urk. bragno-s = stinkend, cymr. braen, bret. brein

Kuhstraße
Von urk. keito-n = Wald, Heide, acymr. coit, ncymr. coed, lat. cetum

straße = kleines Gehölz, nasses Gehölz; hier war noch bis vor 150 Jahren Wald.

Pferdstraße
Pferd von (p)ertu = Übergang, Furt
straße = kleines, nasses Gehölz.

Taubenschlag
Tauben = dubo-s = dunkel, schwarz, s-lat = Bach, Wasser
siehe oben bei Einführung.

Ruckes
Von urk. rusko- = Rinde, korb, ir. rusc, rhisg, laut Stokes/Bezzenberger vielleicht Entlehnung aus dem Germanischen, siehe mhd. rusche = Binse

Gaß- oder Gathstraße
Gath von urk. gazdo = Ruthe, ir. gat = Weidenruthe, Weide

Licht- (Leit)straße (von Blech nach Birkmann)
Licht = urk. li = fließen, lego = schmelzen, zergehen, ir. legaim = ich schmelze cymr. llaith = feucht, flüssig (Grundform lekto-), anscheinend verwandt nhd. lechzen, darnach in Pesch die Lichtstr. und die Flur „Im Licht" zwischen Triet und der Straße zur Hüll und nach Raderbroich.

Der **Damm** am Wasserwege
cymr. dam-sang = Trampel-weg, urk. sento-s = Weg

Die **Zalvestroot** führt vom Zalvehofe (Tokloth) nach Pesch Bleeck
Zalve von calv = urk. kalamon- kulmo-, Halm, Stroh, ncymr. calaf = Ried, mit Zetazismus
Stroot von srutu- = Fluß, ir. sruth, corn. cymr. ffrwd, frot; nasses Gehölz

Königskamp (hinter der Schule)
König entstellt aus cymr. cawn = Ried, Stengel, von urk. kano-, konallo- = Rohr,

Steinloch,
stein von urk. (s)tenovo = Tal,
loch von urk. laku- = See, ir. loch

In Henskes **Fahrloch**
Loch = See
Fahr = ir. uaran (faran) = Quelle, ver = Wasser; Wasserloch

"Das **Beil** am Neußer Weg gehörte Johann Peschen",
Beil entstellt von urkeltisch bali-s, baljo-s = Haus, Wohnung, Ort, ir. bail, baile, vgl. Baile atha cliath = Dublin

"Ein Stück der sog. **Kirchturm** im Pescher Feld am Breidenbroich zum Heiligenhäuschesweg hin, ist jetzt (1742) geteilt, gehört heute Heinr. Kehren"
turm entstellt aus drum, cymr. trum, von urk. drotsmen- = Rücken, Bergrücken, in der Ebene heißen schon kleinste Unebenheiten Berge. Kirch wahrscheinlich entstellt von kirs = kors = kars = Binse

Witte Weg s. bei Neersbroich
Ein weißer Weg, ein weißes Feld sind Ausdrücke für nasse Gelände

Der Tollmorgen
zwischen Neußer und Krummheckerweg im **Gö- oder Jüfeld** (links vom Kemperweg), 1701 Dholler Morgen genannt, Dholler = toll = Loch, morgen = Wasserfläche, ureurop. murgil = untertauchen, versinken

Gö oder Jüfeld
Vermutlich steckt darin ein urk. joini- = Binse, altir. *oin, neuir. aoin = Binse

Am Kreuz
Urk. kreitro- = Sieb, ir. criathar, acymr. cruitr, corn. croider, bret. croezr Bedeutung unklar, vielleicht Grenze, vielleicht ein wirkliches Kreuz.

Am Kuckuck
Vermutlich ist Kuckuck hier eine Entstellung aus ureurop. kokatze, koka = Ansiedlung

Am Knocken,
urk. knokko- = Hügel, ir. cnoc, abret. = knoch, siehe Knokke bei Zeebrugge in Belgien

Werrespatt am **Stollenkamp**
Werres = ver = Wasser, Stollen = S-Tollen = toll = Loch

Schnatelsweg, von urk. snado = ich schnitze, ir. snadim, cymr. naddu = mit der Axt schlagen, Schnat = Grenze, also ein Grenzweg

Wintgesweg
Wint = urk. vind = weiß

Meisendal hinter Hermges
Meisen = von urkeltisch mago-s, ir. mag = Feld, cymr. maes, corn. mes dal = urk. dalio = teilen, in der Nebenbedeutung aber auch Landgut

Die Gemeinde, das Licht genannt,
Gemeinde = entstellt aus ir. moin = Sumpf, urk. makni, mokni Sumpf, cymr. mawn;

Werres
Wer = Sumpfwasser, kann hier in Verbindung mit –haus, -hus, abgekürzt –es, gesehen werden, alter Wohnplatz in Pesch, also Haus in feuchtem Gelände.

Eine Deutung als Wehr-Haus ist abwegig, da der Platz nicht wehrfähig vom Umfang, und andererseits das Gelände wirklich, auch heute noch, naß ist. (Bahlow S. 136 Stichwort Fehrbach)

Taubenschlag
siehe S. 18

Daubenschlagstraße
Eigentlich Daubenschladstraße
Dauben von duv = vorkelt. Dunkel, und schlad = slade = Röricht
Straße = Kleiner Wald

Duistern
(aufgegebene Hofstelle in Pescher Engbrück)
Urk. dusios = schmutzig
Vgl. Flußname Düssel, Ortsname Düsseldorf.
ster-n könnte von abret. ster, urk. stagro- = Wasser, Teich (lat. stagnum) herrühren.

Am weißen Wege
Von urk. veis = fließen, bis vor 150 Jahren gab es Wasserwege, vielleicht sind sie hier gemeint, möglich aber auch ein Ausdruck für Grenze.

Tredepohl (aufgegebene Hofstelle in Pescher Engbrück)
Ähnlich Triet von tred, treyth von urk. sredo- = Fluß; pohl entspricht Pfuhl, also sumpfiges Gelände

Blecher Str.
Siehe Am Blech

Krämpe Dämm
Von urk. kurmen = Bier, cymr. cwrw, corn. coref, vielleicht verwandt lat. cremor = dicker Saft, Brei, Schleim

Dämm könnte mit damo-s = Haus, zusammenhängen. Vgl. lat. domus
Also vermutlich ein Wirtshaus

Am Gottesbäumchen
Bisher gedeutet als Baum/ oder Hain, der der Verehrung Wodans geweiht war. An der Kreuzung der Straße von Kleinenbroich nach Drölsholz und der Str. Am Dyckershof.
Neue Deutung: gatter bun, gotter boin, die ursprüngliche Bedeutung ist in Vergessenheit geraten; gotter = gatter = gad = Weide; bun = Wurzelstock; also wahrscheinlich Weiden-Wurzelstöcke

Winbroich (Pesch-Engbrück)
Kelt. vindo-s = weiß, Weißes Broich, also vermutlich nasses Broich

Weinmark, Pesch – Weinmark (Pesch–Engbrück)
Vermutlich entstellt aus Vindo – Magos > Weinmark
Kelt. vindos = weiss, magos, mag, mai = Feld
Weinmark demnach weisses Feld, nasses Feld

Im Licht
Flurstück in Pescher Engbrück, von Wald bestanden und unmittelbar an der Triet gelegen.
Altes Wasser- und Sumpfwort. Entspricht der Lage.
Die Lichtstraße meint einen kleinen Wald in der Nähe der Flur „Im Licht". Wald zwischen Bahnlinie und der „Hüll". licht zu idg. urk. leigo, ligo = lecken, ir. ligim ich lecke, cymr. llyaw, vgl. auch Lichtenbroich in Düsseldorf

Behntenstr.
enthält Bend, Verlängerung der Kleinenbroicher Str. nach Norden bis zur Bahnlinie.

Am Blech, Bleck
Die Flurnamen „am Bleck" oder „das Bleck" werden ein verklungenes Wort mit der Bedeutung „freie Fläche mit Faul- oder Moorwasser" enthalten.
Siehe auch Blecher Str., „Pesch-Blech". In Düsseldorf -Volmerswerth ein „Auf´m Bleeck"
Der älteste Lautstand scheint idg. Bleick, gegenüber jüngerem keltischen Bleck, zu sein. Siehe Bleck (46 Bleckede).
Bei Bleck scheint sich durch Gutturalierung ein „n" eingeschoben zu haben zu Blenk, was zu Blank führte und weiter zu Plank.
Auch ureurop. leku, wahrscheinlich (p)leku = Ort, Stelle, Raum, Platz, vermutlich verwandt mit lat. locus = Ort, Stelle, Raum, Platz.
Die gleiche Entwicklung könnte lat. planca = flach genommen haben.
Verwandt lat. planus = flach, lat. planum = Fläche.
Die Straßenbezeichnung „An der Blankstraße" hält die Erinnerung wach an die ehemalige Plankstraße, den oberen Teil der heutigen Pescher Straße, die noch auf französischen Karten um 1810 so hieß. Die Plankstraße führte durch das sogenannte Pesch-Blech, das ihren Namen begründete.
Die Bleichstr wiederum wird keinen Bezug auf den alten idg. Sprachstand bleik nehmen; sie kann sich auf eine Bleiche beziehen, denn nahebei floß die Fluit, die als Bleichwasser benutzt wurde.

Engbrück
Nachweislich auf alten Karten (1845) statt Engbrück ein Engbroich, das Letztere bedeutet brug = Sumpf.
Eng = Ent und P-ent, dann Bend. Brücke ist entstelltes „Broich". Also Bendbroich.

Schanzerbroich
In der Nähe des Trietbaches in Pesch.
1. Deutung:
Ein Bezug zu ureurop. oldar = ondar 'reißend', l = n Lautvertretung Gabelentz, eine schnell fließende Stelle in dem trägen Bach. vgl.

Schondra, r. Nfl. der Fränkischen Saale, seit dem 8. Jh. als Scuntra, später als Scundra bezeugt.
2. Deutung:
Bruchgebiet im Ortsteil Pesch. .
Schanzen = urk. skabno = Terrasse, aber cymr. ysgafn = aufgeschichteter Haufen (Reisig), Menge, Masse (Stokes, 308).
Ich halte die erste Lösung für wahrscheinlicher.

Zalfenstraße
Im Gegensatz zu der geläufigen und auch einsichtigen Deutung als „Zum Halfen", also einem Hof, der von einem Halbwinner geführt wird, steckt doch ein idg. calv-en dahinter.
1. Deutung:
-Von urk. kalamon-, kulmo- = Halm, Stroh, ncymr. calaf, Pl. calafon = Rohr, Halm, calven, oder calfen > Zalfen (Zetazismus), siehe Kälberbend, Kälberdonk, entstelltes keltisches calv zu Kalb.
2. Deutung:
Von Albiniani, auch Albaniani, einem Stamm der Kelten, laut Stokes (S. 21) "jetzt Halphen am linken Rheinufer". Verwandt der Name Albion für Britannia, und Albiones die Bewohner Britanniens, ir. Alba, Gen. Alban = Schottland,
Straße, „strot"= Kleines Gehölz

D1.3 Glehn (Korschenbroich)

Glehn
Entspricht einem Bachnamen „glehne". Damit verwandt die Bachnamen auf glane und gleene.
Siehe auch Glon in Bayern, Glain in Belgien, Glene in England. Glan ist Variante zu idg. urk. glennos = Tal, ureurop. kanila = Wasserhahn, vermutlich gleichbedeutend mit Strömung, mit Konsonantenumstellung kanila > glen

Bendstr.
Bend im Sinne von Auwiese und Straße

Lüttenglehn
1090-1120 Lutzellenglene (lt. Kirchhoff, Glehn, S. 28)
Von ureurop. lut = lup, lup-etza = Schlamm, zellen <> ureurop. zelai = Wiese, Weide, Grünland, Feld
Also nicht Klein-Glehn, nicht wie nddt. lüttje = klein.

Epsendorf
1218 - 31 Ebdissendorp, 1243 Epzendorf (lt Kirchhoff, Glehn S. 28, Lacomblet, Urkundenbuch II, Nr. 262)
Der Ursprung ist ungewiß, bisherige gängige Erklärung führt auf Äbtissinendorf zurück, aber auch Deutung aus ureuropäischer Sicht ist möglich:
1. Epzendorf: ureuropäisch epai = Schnitt, sen von ureurop. seinala = kennzeichnen, markieren (Grenze?), ir. sin vermutlich wie lit. sena = Grenze, urk. sino-s = Kette, Halsband, vielleicht Dorf an der Grenze
2. Apdissendorf: Ap = ab-elburu = Vieh, dissen = dig-eri = verdauen, s = g (nach von der Gablentz), siehe auch Apweiler bei Geilenkirchen und Apdissenbosch bei Ubach over Worms (NL)

Steinfort
Von urk. (s)tenovo = Tal und Fort = Fard = urk. pert = Furt
In unseren Gegenden gibt es keine steinigen Furten, nur sandige, morastige.

Rubbelrath
Um 1150 Rubolderode?, 1435 Robelray (lt. Kirchhoff, Glehn S. 28)
Von ureurop. uber-ka = Flußbett, (r zu l), > ubel und Wegfall des Anlaut-R
Eureurop. az-kar = stark, z = t, mit Anlaut-R > r-ath = Festung, vgl. ir. rati = Erdwall, Erdbank, „Festung am Ufer"
Also benannt nach einer prähistorischen Burganlage, vielleicht ist die Anlage am Vorster Hof damit gemeint.

Schlich
Bisherige Deutung: Schlich, slich, sleich meint Schlick, Schlamm, Morast. Man beachte, dass auch ahd. und mhd. slick = Schlick.
Zugrunde liegt jedoch ureuropäisch leka = lecken, Geifer mit idg. Anlaut-S zu Schleck, Schlich umgeformt. Schlich bedeutet
also nasses Land.

Hüsgesend
Ob es mit urk. aivestu-s = Zeitalter, Alter, corn. huis = alt zusammenhängt, ist fraglich, aber möglich. Vielleicht ist der Name auch von Familienname Hüsges später vergeben..

Heckenend
Von urk. seska = Binse, Riedgras, ir. *sesc, seisc = Binsen, cymr. hesg, corn. heschen.

Am Kerper Weiher
Deutet auf keltisches carpina, vgl. den Karpfen (lat. carpa) als Schleim- oder Schlammfisch. Geht auf ureuropäisch harrap-atu = fangen,

schnappen, plündern zurück, Weiterentwicklung über garb-itu = plündern zu Kerp-er; man hat also im Kerper Weiher Fische gefangen.

Hellweg (zw. Glehn u. Liedberg)
siehe Kap. C3

Speckshütt
"So noch genannt von alten Glehner Bürgern, heute offiziell „Schützendelle". Delle bedeutet Vertiefung, in dem sich wahrscheinlich Wasser sammelte. Mulde, in der das Königsschießen der Schützenbruderschaft stattfand". (Kirchhoff)
S-peck und Hütte. Sinn: Hütte an einem Sumpftümpel.

Peckenweide
Pik, pek vermutlich gleichbedeutend mit ick, eck, esk = Wasserwort, wie Beck, Bach, also feuchte Weide oder feuchter Wald.

Düstere Straße
Vermutlich kleiner Wald im Zusammenhang mit einem Wohnplatz „Düster" oder „Düstern" in Glehn.
In Pesch ein ebensolcher Ort als aufgegebener und nasser Wohnplatz.
Duis = urk. dusio-s = schmutzig,
ster = Wasserlauf, von urk. stagro = Wasser, Fluß
Straße = nasses Gehölz

Elsenbusch (Lüttenglehn)
Elsen von ureurop. haltz = Erle, tz = s, (a-l-s) mit Konsonantenumstellung und Konsonantenvertretung l zu r
= (l zu r, s zu l) >Arle, Erle, ON. Grevenbroich-Elsen,

Auf der Renne (Lüttenglehn)
Eine „Steinerne Renne" fließt im Harz, zu rin, ren siehe auch Rhein. Urk. reino-s = Strömung, gall. Rhenos = Rhein, ahd. rinna = Wasserlauf, Rinne

Vorst (Vorster Hof)
Der Vorster Hof ist 1864 abgebrannt und nicht wieder aufgebaut worden. Er hat den Namen von dem ureurop. bortxa = Gewalt, "Zwingburg", Burg, kennzeichnend ist die prähistorische quadratische Wehranlage, die es häufig gab, z.B. auch am Winandshof in Korschenbroich, heute zugeschüttet oder am Trietenbroich in einem Waldstück südlich vom Maarweg.

Frimer Weg
frim, frem könnte ein ins Germanische übernommenes „prem" > frimer sein, Name des Volkes der Remer? Aber es gibt auch ureurop. Verschiebungen P zu F.

An der Sooth
Bahlow erwähnt in diesem Zusammenhang Sotzbach und Sotzweiler, und verweist auf hessisch sotte = Jauche, also Sumpf- und Wasserwort. Hubert Köhnen erwähnt in „Unges Platt" ein Soot = schlammige Brühe, Morast, das könnte ein aus dem Eburonischen übernommenes Wort sein. Kirchhoff meint Wassertrift, in der sich das von den Lößböden kommende Oberflächenwasser sammelte (das auch eine schlammige Brühe gewesen sein wird), also entsprechende und richtige Deutungen.
Urk. utso = Wasser, ir. os, usce, ud + Anlaut-S zu sud, sod.
Auch ureurop. sats = Mist

Lehmstraße
Urkeltisch leima = Ulme, Linde und urk. srot = stroot = kleiner (nasser) Wald

Es folgt jetzt eine Reihe von Flurnamen aus Glehn, die Prof. Dr. Hans Georg Kirchhoff in seinem Buch „Glehn", S. 164 – 169, zusammengestellt hat

Am **Blankpfad**
Blank jüngere Form von Blech, siehe Blech, Bleck, Blenk
Pfad an einer freien Fläche.

Auf dem Hahnen
Von urk. (p)anam = Sumpf, "an" mit Anlaut-H.

Am Grootes
Von urk. gorto-s = Garten, Feld, gortos<>grotos

An der Pastorsnatt
Pas = bas = urk. bousso- = Rindvieh,
turi = Turm, cymr. twr (gesprochen tor) = auch Aufbau
natt = Schutz, urk. snado = schütze
also Schutzdach für das Vieh
Natt ist also kein "naß", das die zweite (hochdeutsche) Lautverschiebung nicht mitgemacht hätte.

An der **Schlusen**
Vermutlich „an der Schleuse", eine Überprüfung am Ort war mir nicht möglich.

Am **Strümps Fußfall**
Vermutlich S-trümp-s von urk. drotsmen- = Rücken, Bergrücken, ir. druim, cymr. trum, vgl. Ortsname Strümp (Meerbusch)
Fußfall urk. vosso- = Bleiben, Ruhen, ir. foss, Dat. Sg. fuss
Fall urk. valo- = Wand, Mauer
Eine Stele zum Bleiben.

Schlickums Natt
Natt = urk. Schutz

Im Perket
urk. (p)ara = Ost, urk. keito-n = Wald, Heide, ket = cet = Wald, also Ostwald

August – Broich
Aug von urk. auga = Höhle, Grab, ir. uag, an. auge = Morastloch
Ust von urk. utso = Wasser, mit Konsonantenumkehr
Also August - broich = Broich mit einem Wasser-, Morastloch

Fleckenbenden
Von urk. fleska = Ruthe, Gerte, ir. flesc
Wahrscheinlicher ist ein Zusammentreffen mit einem Familiennamen Fleck. (Fleck von der Balen)

Auf der Fleckenbach
Möglicherweise ein von Weiden begleiteter Bach.

Am Schroof
siehe Kap. C4. S. 31

Auf den 19 Morgen
Neun von novio-s = neu
Zehn von (s)tag = besprengen, cymr. taen
kelt. morgen, cymr. morgainc = Wasserfläche, ureurop. murg-il = untertauchen, versinken
also vermutlich ein neues sehr feuchtes Feld.

Kieskammer
Von urk. gegda = Gans, ir. ged, cymr. gwydd, bret. goaz
Kammer von urk. kumba = Tal, cymr. cwmm,
also Gänsepfuhl

An den 5 Wegen
Fünf vermutlich von urk. vida = Anblick, Ansehen, Form, ir. –fed, find-
Wegen von urk. veis = fließen, cymr gwy = Fluß.
Jedenfalls wasserbezogener Flurname.

An der Kivitt
Vermutlich von ureurop. kebide = Kamin

Auf dem Höhhauf
Unklar

Am Gentensumpf
Von urk. gendo = fasse, erbeute, nehme weg, stehlen
Von urk. umajo = Erz, Kupfer, + Anlaut-S
Ort eines Diebstahls von vermutlich Kupferbarren.
also ein prähistorischer Flurname, der zwischen Steinzeit und Bronzezeit vergeben worden sein wird. Die Glockenbecherleute kannten die Technik der Kupferverarbeitung und Teile von ihnen siedelten im Rheinland.

An den Pösten
Unklar

Fußesterz
Von urk. tersos = Trocken, Land, ir. tir, lat. terra, ters mit Anlaut-S
Von urk. vosso- = bleiben, ruhen, ir. foss = bleiben, Dat. Sing. fuss
Ein Land, das stets trocken blieb?
Oder ein Land, auf dem man bleiben sollte? Wahrscheinlicher das Erste.

Am Grünen Wege
s.o.

Auf dem Schafenacker
Von cymr. cafn = Mulde, Rinne, Wasserablauf, Gosse, cafn + Anlaut-S = "Schafen", Acker kann sowohl deutsch Acker sein, als auch verballhorntes aqa = Wasser
Vielleicht beides, da sich in jeder Mulde auch zeitweise Wasser sammelt.
Wir haben in unserer Gegend häufig im Gelände abflußlose Mulden, die aber auch beackert werden.

Am Plöttenweg
Urk. lat = feucht sein, p-lat <> plötten, platt<>flatt = niedrige Laache

An der alten Schanz
Von urk. skabno- = Terrasse, cymr. ysgafn
Vielleicht spielt in den Namen noch das Wissen um alte Erdwälle hinein, die von urk. oder ureurop. Festungen zeugen, siehe auch die häufigen Benennungen als Landwehren.

Am Scheidweg
Von urk. keito-n = Wald, Heide, acymr. coit = Wald, >chet, >chede, >Scheid
Wälder wirkten oft auch als Grenzen.
Oder scheid rührt von ureurop. setia = umringen, umzingeln, belagern her, auch Ringwall, Fluchtburg?

Scheffes
Von urk. keppo-s = Garten, ir. cep, +Anlaut-S
Also altes Gartengelände.

Schlickums
Von *leigo, ligo = lecken, +Anlaut-S, >Schlich, Schlick, Schlickum = Schlich-heim

Berrischen
Von urk. berso-s = kurz, cymr. byr, bret. berr = kurz, > abmähen, abfressen lassen, abweiden lassen.
Aber auch möglich von ureurop. berri + k = Neuigkeiten, etwas Neues, wobei das "k" einen ureuropäischen Plural darstellt. Es könnte also der Name für einen neuen Hof oder einen neuen Ort gewesen sein.
Vgl. auch den Ortsnamen Neuwerk.

Vom selben Ursprung könnte der Lüttenglehner Hofname **"Berschehof"** herrühren.

Am Kreuzwege
Es kann ein Kreuzweg sein, religiös verstanden, aber auch, weniger wahrscheinlich, sich kreuzende Wege, oder es steckt eine keltische Wurzel drin. Da uns diese oft weitergeholfen hat, versuchen wir es.
Urk. kriqa = Grenze, Kamm, ir. crich, crioch = Grenze, Gebiet; Kreuz verballhornt aus crioch, dann wäre es ein Grenzweg.

Kirchfeld
= kirs-feld, Binsenfeld. Der Sinn wurde nicht mehr verstanden, nur nach dem Lautstand umgebildet.

Auf dem Heisterdahl
Heister von urk. sasjo- = eine Feldfrucht, cymr. haidd = Gerste
Dahl von dalio = teile, ir. do-dalim = Landgut
Es ist überliefert, daß die Eburonen viel Gerste aßen.

An der Pferdskul
Pferd von (p)ert = Übergang, Brücke
Kul = Kaule = Vertiefung, Tal

Am Hagelkreuz
Ein Hagelkreuz gab es in vielen Ortschaften.

Von urk. aku(lena)= scharf, spitz, ncymr. hogal = dornig?, sollte es ein Kreuz mit Kruzifix und Dornenkrone sein? Die Kreuze im Feld bestätigen es.

Am blauen Stein
Stein von urk. (s)tenovo = Tal, blau von ureurop. blai = durchnäßt, triefnass
Also nicht ein blauer Stein, auch nicht ein Grenzstein, wohl könnte es ein Grenzgewässer sein.

Mittagshüttchen
„Mit" von urk. meidio- = Nacken, ir. mede, lat. meta = Spitzsäule, Grenze, skr. methi = Pfeiler, Pfosten, ir. methos = Grenzmark
„tag" von tegos = Haus, ir. teg, tech
Also ein Grenzposten, Grenzhäuschen

An der Scherfhauser Linde
Von urk. lendu- = Wasser, Pfuhl, See, ir. + cymr. linn
Vgl. Burg Linn bei Krefeld

Nixmergelshütte
Von Nix = urkeltisch neg = stechen, durchbohren
Mergel von urk. marga = Mergel, gall. marga, ahd. mergil, gr. ärgilos = weißer Ton, Töpfererde
hütte = sutondo Kamin = Herdstelle
also Hütte, bei der Mergel gestochen wurde

„Bildstock in Epsendorf" aus H.G. Kirchhoff, Glehn, S. 137

Am Bilderstöckchen
„Bil" von urk. bali-s, baljo-s = Haus, Wohnung, Ort, ir. bail, und „der" von desos- = Gott, ir. dess, acymr. de
"stöckchen" von urkeltisch stoukki- = Vorsprung, ir. stuaic = Spitze, Zinne.
Also ein Gotteshäuschen mit Zinne, so ist es auch.

Heidenkirchhof
Vermutlich von urk. satja = Schwarm, ir. saithe, cymr. haid = Schwarm, Haufe, Schar,
Ob hier einmal fremde Krieger verscharrt wurden?

Die Kloster 30 Morgen
Klo = urk. klado = graben, cymr. claddu graben
Ster = urk. stagro- = Wasser, Fluß, bret. staer , ster
urk. dressi-, dresso- = Brombeergebüsch, corn. dreis
morgen von cymr. morgainc = Wasserfläche, Golf
Ein völlig verballhornter Name, ein gegrabener Wasserlauf an einem Brombeergebüsch

Bickhauser Acker
Bick vermutlich von ureurop. big-a = Kalb
Acker von ureurop. aska = Tränke
Also Kälbertränke.

Am Bickhauser Sträuchschen
Sträuchschen von vermutlich urk. trud = bedrängen, belästigen
Ir. troscaim = ich faste, trott = Zank, Streit
Eine Flur, um die es Streit gab?
Kommt daher die Redensart „Einen Strauß ausfechten"?

Im Ruhdahl
Von urk. roves- = Feld, Ebene
Dahl kennen wir aus anderen Namen als Landgut, von urk. dalio
Also Gehöft auf dem Feld. Siehe Meisendahl

Hinter Hemms
Von urk. sento- = Weg, ir. set, cymr. hynt, acorn. hent, = Hinter dem Weg

Auf dem Trompeter
Von kelt. drum = Anhöhe, Bergrücken,
peter = ir. pet = Dorf
Dorf auf einer Anhöhe.

Am Weidenpesch
Weiden von urk. vidu = Holz, Wald cymr. guid, gwydd = Wald, Baumpflanzung, pesch = Weide
also eine Waldweide.

Klosteracker
Klo = urk. klado = graben, cymr. claddu graben
Ster = urk. stagro- = Wasser, Fluß, bret. staer , ster
Ak von urk. aqa = Wasser
ein gegrabenes Gewässer.

Auf dem Fettberg
Von urk. ved = feucht, nasser Berg

An der Vorsters Natt
urk. snado = ich schütze, abret. nod
An Vorsters Vieh-Schutzbau

Im Kottenkamp
Kotten = Kate

Kirchkamp
Kirch = Kirs = Riedgras

Am Penkhütter Weg / In der Penkten Hütt
Verwandt G-ingter Kamp in Mönchengladbach, ist dasgleiche in irischer Version.
Verwandt Engter, wahrscheinlich abgeleitet von dem cymr. eangder = Breite, Weite, mit Anlaut-P, cymrische Version, engter von ureurop.
aintzira = See, Weiher

Am Lommerzpfad
Lomm von urk. lommen- = Schluck, Woge,
-ert von urk. (p)ert = Übergang

Pfad über eine Wasserfurt

Am Spinngraben
Von urk. s(p)eano = Blumenname Fingerhut

Am Heckenend
Von urk. = seska Binsen, Riedgras, cymr. hesg
End = bend

In der Dohmenhütt
Wahrscheinlich von damo-s = Rind
Eine Hütte, wo Rinder gehalten wurden.

In der Hött (Lüttenglehn, Glehn)
Straßennamen in Lüttenglehn, wie auch in Schiefbahn. Hier liegt eine ältere Namensform vor, die mit der dort gesprochenen Mundart übereinstimmt.
Hött = Hütte. Hütte von cymr. huddygl = versottenes, rauchiges, wo ein Kamin, ein Herd steht, ist eine Hütte.

Soweit die Flurnamen von Hans Georg Kirchhoff.

Scherfhausen
1166 genannt Scheterhusen, Schetershusen (Gysseling),
 aber daher kann der Name Scherf- hausen nicht kommen. Scheter- und Scherf- sind zu unterschiedlich.
Ein Scherfbach (Scherve 1218) fließt bei Odenthal im Bergischen
(vgl Ortsnamen Scherbda, Scherpenbruch).
Das „f" in Scherf- deutet darauf hin, dass Scherf ein sog. Apa-Name ist.
Ureuropäisch sar-da Fischschwarm, -apa = Bach. Also Bedeutung „fischreicher Bach".

Flurnamen in Glehn: (Bremer, Liedberg S. 751)

Heidloch
Vermutlich von hochdeutsch Heide und
Loch = urk. laku-s = See
Wasserloch in der Heide

Jonkelsfeld
kelt. junkus = Binse (245 Jünkerath)

Kirchkamp
Dürfte eigentlich kirs-kamp heißen, nasses Feld

Koxkul
Vermutlich von urk. kakko- = Kot, ir. cacc
Kul = Kaule, Grube mit Faulwasser

Kuckeskul
vermutlich eine Kuhle mit Schmutz und Nässe,
s. urk. kakko = Kot.

Lochskamp
Loch = laku- = See, also Kamp am See oder nasser Kamp

Pastors Nat
 pas <> bas von urk. bousso- = Rindvieh, cymr. bas,
 tors <> cymr. twr = Turm, Zuflucht, urk. turi- = Turm
 urk. snado = schütze, cymr. nawddn, abret. nod
 = Schutzbau für Rindvieh

Sobbenbroich
Entspricht Hoppenbroich, bestätigt die Zwischenstufe von urk. soqo = Harz zu Hopp.

Am Steg
nicht der gewohnte Steg über einen Bach, sondern eine alte Bezeichnung für ein Haus,
urk. tegos = Haus

Vettberg
1492 a. d. Wegen von Schlich und Rubbelrath nach St. Nikolaus, entspricht urk. ved = naß

Schroiffbenden beiseite Glehn
Siehe oben Schroiff, Schroof.

Wallerter Kirchweg
Von urk. vala, vla = mächtig sein, gwaladr = Oberherr,
ter von urk. ter, tir = Land, also „Kirchweg vom Land des Oberherrn"
Kirchweg jedoch sehr fraglich, ob nicht doch als kirs und vey, Rohr und Wasser, richtiger gedeutet wäre. Denn Flurnamen handeln eher von Landschaften.
Dann könnte es vielleicht „Röhricht und Wasser am Land des Oberherrn" sein.

Waterruyssen
Vermutlich von urk. vakto-s = übel, cymr. gwaeth = schlecht
ruyssen von urk. reidi-s = befahrbar, frei, cymr. rhwydd
Also schlecht befahrbar.

D1.4 Kleinenbroich (Korschenbroich)

Kleinenbroich
Wir nehmen an, daß sich in dem Ortsnamen Kleinenbroich der alte Flußname "glehne" verbirgt.
Wenn nämlich zwischen dem Ortsnamen Glehn und den Flußnamen „Glan oder Gleene" ein Zusammenhang besteht, dann ist auch eine analoge Beziehung zu den Orts- und Flußnamen der Gleene bei Alsfeld in Hessen anzunehmen.
So wie dort ein Ober-gleen und ein verballhorntes Nieder-klein an der Gleene liegt, so ergibt ein verballhorntes Glehnenbroich das uns bekannte Kleinenbroich. Glan kann nur Variante zu idg. – kelt. glennos = Tal sein, und letztlich aus dem Ureuropäischen kanila = Wasserhahn stammen.

Überseite
Überseite ist ein Teil von Kleinenbroich, vermutlich der älteste.
Niemand wird zur Zeit der ersten Landvermessung und der offiziellen Namensgebung, vermutlich um 1810, den Ortsnamen so hochdeutsch als „Überseite" ausgesprochen haben. Das haben eher die preußischen Landmesser getan.
Überseite wird von den Einheimischen in plattdeutscher Sprache bezeichnet worden sein und hat dann „Oeversick" oder „Ueversick" geheißen (mit rheinischer Gutturalisierung). Auch in Baelen/Belgien ein Oeveren.
Wahrscheinlicher oder genauer ist folgende Deutung:
Over = urk. (p)oveno- = Schaum, ir. uanbach, cymr. ewyn, Schaum auf stehenden Gewässern, und sik = sip, Sip = sei(p)ato-s = Sumpfvogel, Ente, cymr. hwyad, zu md. sife = sumpfige Bodenstelle,
Tatsächlich ist bis vor 15o Jahren dort ein Bach, der Schelsener Bach, geflossen, ein gegrabener Bach, wie sie öfter in den Sumpfgemeinden vorkommen. Sie heißen üblicherweise „Fluyt, Flöth".
Aber auch: Überseite = ureurop. ibai = Fluß

Düpphütt
In einem Weistum von 1634 aufgeführt. Siehe Düpp und –hütte.
Ureurop. tupina = Topf, also eine alte Töpferei.

Grüner Weg
Der Begriff "grüner Weg", der unbefestigter Weg bedeutet, nicht nur der Name für einen bestimmten Weg, mag durchaus seinen Ursprung in der Bezeichnung der eburonischen Bevölkerung für Feldwege haben.
Grüner Weg: urk. kreu(p)enna = Rinde, Kruste, cymr. crawen, crawennu = lat. incrustare = beschmutzen, ein Weg der bei nassem Wetter schmutzig, matschig ist, der aber beim Trocknen zu einer harten Kruste wird.

Wengschroth
Von urk. vindo-s = Weiß, vgl. Vindo-magos = Weißfeld, aus der gleichen Wurzel Weinmark, wahrscheinlich bedeutet weiß im vorkelt. = feucht, nass
roth = rath, rath urk. = Fläche, Ebene, vielleicht auch Wiese, Weide, wahrscheinlich aber hier nicht Rodung und nicht Festung.
Also nasse Wiesen.

Püllenweg
Benannt nach dem Püllenhof, der bis etwa 1850 bestand und zwischen Püllenweg auf der rechten Seite, von Rhedung aus gesehen, und dem ehemaligen Schelsener Bach links des Baches lag. Alter Salhof. Überliefert auch als Bollenhof, zu bol = poll, cymr. pwll = Pfuhl, Teich, Weiher, Erdloch, Vertiefung

Targesser Hütte
Von urk. argio-s = weißlich, licht
und ir. esk, isk, usk = Wasser, aber auch ureurop. argi = Licht
Das Anlaut-T ist Zeichen eines alten ureurop. Namens.
Also Hütte am Wasser

Die Namen aus der Grenzbegehung von 1746 in Kleinenbroich

Büschbend
Von urk. bousso- = Rindvieh, oder von ureurop. bus-ti nass werden
bend = Talwiese
Wiese, auf die das Rindvieh getrieben wurde, oder nasses Bend.

Düpp
Duv, dub, dup altes Bestimmungswort mit der Bedeutung „dunkel" im Inselkeltischen.
Urk. dubo-s = dunkel, schwarz
Also keine Düppen, irdene Gefäße, wie man meinen könnte.

Düppbend
Siehe Düpp und Bend

Heym Gatter Bend
Siehe Kap. C3.

Drei Weiden
zu dreg, cymr. draen, urk. dragino = Schwarzdorn
zu urk. vidu = Holz, -wede, -weide (s. Vogelweide) Wald,
also Schwarzdorn"wald", -gebüsch

Kotten Schlot
Hier taucht zum ersten Male das Wort Kotten auf, das ein unverschobenes, also indogermanisches Wort signalisiert.
Schlot = Schlade oder slat, siehe Daubenschlad, aber Kotten und schlot vor der Germanisierung, die sich in den Vokalen "a" äußert.

Werret
wer = Sumpfwasser, häufig in Verbindung mit –holz, niederdeutsch – holt, abgekürzt –et. Aber auch keltische Endung aus –chet (= Wald) zu –et verkürzt denkbar. Nasser Wald.

Blaustein
Blau vermutlich aus dem Ureuropäischen: "blai" = durchnässt, triefnass
Stin = urk. (s)tenovo- Tal, Moor (465 Stinstedt)
Ein blauer Stein ist in der Literatur von Bremer und Köhnen immer als Grenzbezeichnung dargestellt worden. Diese Version sollte trotz neuerer Deutung nicht unbeachtet gelassen werden. Es könnte auch ein Grenzgewässer gewesen sein.

Blau Steins Benden Siehe oben.

Floth Brücke
Flott bedeutet ein flaches niedriges Wasserloch, Pfütze, Sumpf und Riedlache, deutsch auch Flatt genannt. Aus floth zu flatt.
Plot ist die indogermanische Form von niederdeutsch Flatt = großes, flaches Wasserloch, (Ulrich Scheuermann, Die sprachliche Erschließung der Dorfflur mit Hilfe der Flurnamen, Germanische Linguistik, S. 552).
Brücke ist eine Entstellung von Broich.
Ich betone , daß die Bezeichnungen und die gefundenen Deutungen exakt mit den Örtlichkeiten übereinstimmen; dort war tatsächlich bis 1856 vor den Meliorationen eine riesige Wasserlache, verursacht auch durch eine Senke unter das übrige Niveau, die der Dickbach füllte und durch die der Dickbach floß. Deutsch entsprechend „Flattbruch"

Floth Heith
Floth siehe oben
Heith von urk. keito-n = Wald, Heide, gall. ceto, acymr. coit; aber auch die deutsche Fassung Heide bedeutet ursprünglich nasses Land und wird von demselben indogermanischen Wort abstammen.

Hasseldamm
Hassel = urk. sasjo = eine Feldfrucht, gall. (s)asiam, cymr. haidd = Gerste, ncymr. Had = wahrscheinlich ist aus dem idg. sasjo das ahd. ezisc , esisg, ezzisk, = Saatfeld entstanden.

Damm von cymr. damsang = treten, zertrampeln, festtreten, stampfen.
Damm scheint mit urk. tunna = Haut, Oberfläche, harte Oberfläche des Bodens (durch zertrampeln) verwandt zu sein, sang = Weg, also Trampelpfad
Damit dürfte die übliche Deutung als „Hasel"-damm" nichtig sein. Das Anlaut-H ist durch das Cymrische bedingt.

Kell
Urk. kaldet = Holz , ir. cail = Wald , cymr. celli, corn. kelli, ist idg. – keltisch.
Idg. kel, wie Kellendonk, unverschobenes K.

Mayländer Bend
„Mag land bend"
urk. magos- = Feld, Ebene, ir. mag, cymr. maes,
Land bzw lend, auch im Urkeltischen landa = Fläche, freier Platz, Hof.
Ein Bezug zu Mailand ist völlig abwegig und nur vom Klang der Aussprache her begründet.
Vgl. auch Hückelsmay bei Krefeld

Landwehr
„Land ver"
Ver = Wasser und Sumpfwort, (Bahlow S. 525 Stichwort Wehrholz)
Auch Bahlow bezeugt das häufige Vorkommen dieses Namens, der modrig-sumpfige Nässe signalisiert. Von einer Landwehr kann hier keine Rede sein, erstens weiß man, wo es einmal frühneuzeitliche Landwehren gab, und dieser Platz gehört nicht dazu.

Aber es kann überliefert sein, bzw. den Menschen, die den Namen prägten, noch im Bewußtsein gewesen mag, daß in der Gegend eine keltische oder ureuropäische Verteidigungsanlage bestand, was dazu führte, daß man den Worten diesen Sinn gab.
Das benachbarte Vorst mag einen Einfluß gehabt haben. Dort deutet der Name auf eine alte Burg (ureurop. bortxa = Gewalt, Zwang, = Vorst)

Durch Farth
„Dur-s fard"
Durch aus urk. daur, daurach = Eichen-wald, daru, dair = Eiche,
cet > ch = Wald
Fard = urk. (p)ert, (p)ard = Furt
Eine Furt durch den Eichenwald. Eichenwald war früher der Hauptwaldbestand.
Also eine ähnliche Bezeichnung wie „Durchfahrt", wenn auch der Bezug zum Eichenwald entfiel.
Man hat bei der Germanisierung häufig versucht, dem eigentlichen Sinn der Worte ein deutsche Entsprechung zu geben. Furt > Durch Fahrt.

Pesch Bend
*Eigentlich doppelnamig, aber mit feiner Unterscheidung, da Pesch = Weide am Haus (von ureurop. baska = Weide) und Bend = feuchte Talwiese bedeutet.

Essendt
ess, ass = Schmutzwasser (Bahlow S. 127 Stichwort Essingen), in England sind „esk" und „ask" als keltische Wörter für Wasser bezeugt.
Urk. iska = Wasser, ir. esc = Wasser
End = Bend, Wasserbend.

Pfahl Heister
Dieser Ort heißt an anderer Stelle „bis an den Pohl", gen Pohl. Hier scheint das alte "pol" einen nhdt. Anstrich bekommen zu haben mit o > a, auch das p in germ. f verschoben.

Pfahl, pal kann auch von urkeltisch pal = graben, ureurop. pala = Schaufel kommen, und heister entstellt von urkelt. seska = Binsen, Riedgras, deutsch Segge, cymr. hesg. Das läßt den Schluß zu, daß an dieser Stelle einmal Torf gestochen wurde.
Auch eine Verbindung zu ureurop. zuhaitz = Baum (Heister) ist möglich.

Eilf Morgen Baum
Der Name ist völlig unsinnig, wenn man das Hochdeutsche zu Grunde legt, nimmt man aber nur den Lautstand und befragt dann Bahlow, so kommt statt eines Elf Morgen Baumes „elv morg (oder murg) bun" heraus.
Elv von eigentlich cymr. elw = Besitz, Ertrag, Gewinn, hier benennt es ein Gewässer. Dahinter verbirgt sich ein ureurop. abel = Nutzvieh, Rind, durch Konsonantenumstellung (Metathese) zu alb und dann zu elw verändert. In dieser Form ist elve durch eine Bedeutungsverschiebung auch als Name für Flüsse und Seen zu finden. Die Grundbedeutung Vieh-Bach, Viehtränke war später wahrscheinlich nicht mehr im Bewußtsein und nur noch der Fluß.

Morg, murg von ureurop. murgil = untertauchen, versinken, (Bahlow S. 343 Stichwort Murg und Murkenbach). Sumpfige Wiesen heißen in Schwaben Morgen, nach d`Arbois de Jubainville ligurisch, Murg Nebenfluß des Rheins bei Säckingen, anderer Name für Lauter, bei Weißenburg im Elsaß, „super fluvio Murga (seu et Lutra) (Bahlow).
Dazu ir. morigain = Sumpf, Pfütze, cymr. morgainc = Meerbusen, Kluft, Abgrund, Strudel; verschlingen,
Bun aber dazu auch urk. bonu = Wurzelstock, cymr. bon = Boden, Stumpf, also ein Stück Land, das aus nassem Boden besteht, vielleicht Bachland.

Wald Benden
Walt, wald entstellt aus urk. vaili = niedrig, cymr. gwael = wohlfeil, billig, cymr. gwaelod = Grundstück.
In unserer Umgebung sprach man von Holzgewalten, das waren Anteile am Waldbestand. Also nicht Wald, sondern entstelltes gwaelod, Waldgrundstücke.

Kühedrenck
Urk. keito = Wald, Heide acymr. coit = Wald, gall. ceto, in Westfalen ähnlich Kuhlage, Kuhschlade in Westfalen.
Drek, mit eingeschobenem n, ergibt drenck als Variante zu dragino- = Schwarzdorn, ir. draigen, dreck, auch als Driesch bekannt, also unbebaute, unbeackerte, mit Schlehen bestandene freie Fläche.
Hat nichts zu tun mit Kühen und Tränke.
Andere Deutung geht von ureurop. digeri = verdauen aus, digeri mit Konsonantenumstellung zu direg > dreck, Dreck, Kot
Also naß-schmutzige freie Fläche.

Kälverbendt
Calv, urk. kalamon- = Halm, Stroh, cymr. calaf = Rohr
zu Kalb entstellt. Röhricht-Bend

Rothhaus (heute zu Büttgen)
In der Mundart auch Rottes, in der Regel fälschlich als Rothaus gedeutet.
Urk. roves = Feld, Ebene, ir. roi (zweisilbig),
Urk. tegos- = Haus, ir. teg, tech
Rottes = Feldhaus, Scheune?
Aber Zweifel, ob nicht doch ein Bezug zu urk. rati = Erdwall besteht, da in anderen Gegenden Deutschlands -rott auf Verteidigungsanlage hindeutet, vielleicht also rati + tegos, Haus an der Burg, Burghaus.

Stock-Bendt
Urk. stoukki- = Vorsprung
Irgendein Vorsprung, landschaftsbezogen, wohl kaum ein Stockholz-Bend.
Nicht ganz klar.

Wehr Bendt
Ver siehe oben, hat mit wehren nichts tun, genauso wenig das Wehrholz, wohl aber mit ver = Wasser. Ver als Wort für Wasser aus

verschiedenen vorkeltischen Ortsnamen, aber als "war, far" auch als ureurop. für Wasser gesichert.

Speckbendt
Siehe Speck = Tümpel
Bend am Tümpel

Speckstraße
Speck, spick = Tümpel, (beck, bick = Bach, Wasser + S-Anlaut)
strat ebenfalls strut, strot.
In Kleinenbroich noch als „Kleiner (nasser) Wald" geläufig.
Im Keltischen sroth = sruth, sruthan = kleiner Fluß

Danerbendt
Vielleicht damo-s = Haus, dann Haus am Bend,
aber vermutlich bessere Deutung mit ureurop. dan-ba = prallen, ein Bach mit ausgeprägtem Prallhang.

Kucksbend
Wahrscheinlich von ureurop. kok-atze = Niederlassung
also Bend an einer Ansiedlung

Klarissen Bendt
Klarissen hatten zwar in der Gegend Grundbesitz, eine andere Deutung ist aber auch möglich, Klarissen als Entstellung:
Kla von urk. klaro = Pfandbrief, (S. 113), Rissen = rix, urk. reg = König, gallisch reigs, rix
Also verpfändetes Bend eines (keltischen) Königs.

Kirchen Holz
kirs = kors von urk. korokasto- = Rohr, acymr. cors, ncymr. corsen
Also sumpfiges Gehölz.
Oder ein Wald, der der Kirche gehörte.

Martinshütte
Urk. maro-s = groß, ir. mar, mor = groß
Tin, tim, urk. (s)tenovo- Tal, cymr. tyno, großes Tal
oder ureurop. martin-arrantzale = Eisvogel, darin martin <> Fluß
Eine landschaftsbezogene Deutung des Namens. Es kann darin die Triet oder der Schelsener Bach gemeint sein.
Eine andere Deutung geht von baskisch Mar-i = baskische Gottheit und ten-plu = Tempel aus; entsprechend gab es in Korschenbroich Namen mit dem Zusatz „im Tempel". (Bremer, Myllendonk, S. 15)

Dürsters Bendgen
Von ureurop. zur-rut = Schluck, Zug, oder tur-rusta = Wasserstrahl
Ster = abret. Wasser, Fluß
Hier haben wir ein Beispiel für die enge Verquickung zweier Sprachen, bedeutet soviel wie "Nasses Bend"

Wehrstraß
Ver = Wasser,
straße = stroot = kleiner Wald
Bedeutung: kleiner nasser Wald.

Logen Graben
Logen vermutlich = See, urk. laku = See, ir. loch = See, Teich, corn. lagen = Teich,
Da der erste Teil des Namens den Deutschen unerklärlich war, hat man ihn übernommen. Das war auch an anderem Ort so, wie Ulrich Scheuermann an Hand von Flurnamen „kleine Looge" und „große Looge" in Hellwege an der Wümme zeigt. Name verwandt mit Logana = Lahn.
(Ulrich Scheuermann : Die sprachliche Erschließung der Dorfflur mit Hilfe von Flurnamen. Germanistische Linguistik, 131 – 133, 1996, Toponymie S. 559)

Acker Schorenstein
„ak scornes tin"
Ak = urk. aqa = Wasser,
idg. scor, langobardisch scarnaful = Dreckspatz
Tin, urk. (s)tenovo = Tal, cymr. tyno = Tal, oder s.o. tin, tyne keltisch
Fluß mit Anlaut-S zu Stein.
Fluß mit schmutzigem Wasser.

Teschenbendt
Ir. tech von urk. tegos = Haus
Bend am Haus, Haus am Bend.

Hüssen Füschgen
Corn. huis = alt von urk. aivestu-s = Alter, Zeitalter (Stokes S. 3),
Füssgen ein ebenfalls vorkeltischer Hof- und Familienname.

Meisendal
Urk. magos- = Feld, Ebene, Acker, cymr. maes, corn. mes
Urk. dalio = teilen, dal = Landgut
s. Meisendalhof.

Vurpal
Urk. qalo = grabe, cymr. pal = graben, corn. pal = Spaten, lat. pala = Spaten
Vor, vur **kein** Wasserwort sondern bedeutet Grenzen, und von Bremer überliefert („Der Pächter leistete Pferd- und Karrendienste, hielt Hof und Gebäude in gutem **Notbau,** die Ländereien wie landesüblich in guter **Besserung** und **in richtigen Fuhren** (Grenzen).)
Not = urk. snado = ich schütze, cymr. naodd, altbret. nod, es handelt sich bei Notbau also um einen Schutzbau, ein Gebäude, das man nicht verfallen läßt.
Besserung = entstellt von urkeltisch beti- = Weg. Also die Ländereien in gutem Wegezustand halten.
Fuhren, Fohr = Grenzen von kelt. ver = umschließen.

Hulder/Holler
M.E. von ureurop. sor-(ginkilo) > (s > h, r > l), also sor > sol > hol > hul.
Sor > hull = Binse
Holler = ungeteiltes Land aus cymr. sollos = vollständig

Eickerend
Der Name hat nichts mit Eichen oder Ende zu tun. Er ist ureuropäisch eihera = Mühle, daraus wurde eicker, h > g > k. Bend kommt von ureuropäisch pentze = Wiese, Binse, pentze wurde zu Bend und verlor zum Teil das anlautende B. Eickerend bedeutet also Mühlenbend. Noch heute gibt es am Eickerend in der Nähe des Sportplatzes eine Flur "Mühlenkamp". Und Bremer bezeugt noch eine alte Ark, die zu einer Mühle gehört hat.

Auf der Boom
Boom vermutlich von urk. bonu- = Wurzelstock, das untere Ende.
Es handelt sich um Sinnverwandtes zu sumpfig-moorigem Wasser. In Holland und Norddeutschland viele Bildungen auf bom. „Het Land de Bom".
Die Lage passt zu der angegebenen Namensbedeutung.

Am Boot
In „bot", „bod" steckt urk. buta = Haus. Ir. both, cymr. bod, ndt. Bude. Also am Haus.

Klotzkamp
Siehe auch Klotten, Kloten, Klad: urk. klado- = Graben, ir. clad, cymr. cladd, clawdd = Graben, Deich.
Cumba = Tal, cymr. cwmm = Tal, comb = Kamp

Stirkenbend
Stirken von sterk = schmutzig, vgl. lat. stercus = Schmutz, lateinisch mit keltisch urverwandt.

ureurop. zer-ri = Schwein, z wie t gesprochen, k = Plural-Suffix, also Schweine = ter-k, + Anlaut-S

Speckstr
Früher ein Weg danach benannt. Er verlief nördlich der Martinshütte fast parallel zur Triet.
Speck hat hier mit Schweinespeck nichts zu tun, nur zufällige Wortgleichheit mit einem sehr alten Wort. S-peck = beck = Bach. Varianten: Spich, Spick = Tümpel.
Deutet stets auf Sumpfwasser oder sumpfige Lage, was der örtlichen Lage auch voll entspricht.
Straße = kleines Waldstück, nasses Gehölz

Stepprath
von ureurop. txap-eldun = Sieger, im Deutschen stap > step
und ureurop. az- = -at, r-at = stark, also eine Festung aus ureurop. Zeit.

Randerath
von ureurop. R-oldar-tsu = R-ondar- = reißend oder R-ant- = Fluß, Bach; r-at = ureuropäisch Burg. Also Burg an schnell fließendem Bach. Randerath ist aber ein nicht bodenständiger Name. Er kam mit Gerhard von Randerath nach Kleinenbroich. Das eigentliche Randerath liegt tatsächlich an einem schnell fließendem Fluß, der Würm, einem Nebenfluß der Rur, im Kreis Geilenkirchen.
Da Haus Randerath ein Salhof war, und die äußeren Umstände dafür sprechen, könnte hier ein alter ureuropäischer Burgplatz vorliegen. Der Platz war auch im Mittelalter befestigt. Schießscharten sind noch heute zu sehen.

Nickeloch (zw. Kleinenbroich u. Büttgen)
Von urk. nigo = ich wasche
loch = urk. laku = See, corn. lagen

Reinung, Reinunk
Im Zusammenhang mit Grenze genannt
Von urk. roino- = Hügel, bret. reun, ahd. mhd. rein = begrenzende Bodenerhöhung,
unk vielleicht von dunk = donk in Analogie zu Linning

Weishütte
Von urk. veis = fließen, cymr. gwy, dt. wie Neusser Weyhe

Hochstraße
Urk. sukku- = Sau, cymr. hwch, gesprochen hoch, corn. hoch
Straße = kleines Gehölz
Wäldchen, in das die Schweine getrieben wurden.
Die heutige Hochstraße hieß so schon vor den Straßenbenennungen in den dreißiger Jahren des letzten Jahrhunderts. Sie lag keineswegs hoch, sondern in der Bachaue des Jüchener Baches.

Vietenhütte
Vi = urk. veis = gwy = fließen)
ten, tin, Wasserwort, urk. (s)tenovo- = Tal

Rhedung
Die gängige Erklärung besagt „Ried – donk", mundartlich „de Ri".
Doch ist auch rad, red, wie in Raderbroich möglich, ja wahrscheinlich, da mit –donk zusammengesetzt.
vermutlich von urk. (p)rati-s = Farn, cymr. rhedyn = Farnkraut, corn. reden, mbret. raden; rad ist ein altes Wasser- und Moorwort, -broich wie oben schon erwähnt. Eine Deutung als ureurop. r-adar = Nebenfluß, ist auch möglich und könnte den heutigen Jüchener Bach als Nebenfluß der Triet meinen.

Düppheide
Darin steckt ein ureuropäisches tupina = Topf, also war dort früher einmal eine Töpferei. Siehe auch Düpphütte.

Kaarster Hütte
Im Rheinland ist ein Flurname Karcht für feuchtes Land verbreitet. Auch für Holzwege gebräuchlich (Dittmaier).
Daneben scheint noch eine Ableitung von kirs-, kars, kors- möglich, was wir annehmen, vielleicht beruht Karcht aber auch auf „kars". Das Wort hätte dann die germanische Lautverschiebung nicht mitgemacht. In jedem Fall scheint aber „Kaarster Hütte" als Verbindung mit der Stadt Kaarst eine Verballhornung zu sein und hat mit dem Ort Kaarst nichts zu tun. So wie kors bedeutet kars Riedgras.

Pferdsbroich
Urk. Pert = (p)ert = Übergang, Furt, Brücke

Waldhütte
Walt, wald entstellt aus vaili = niedrig, cymr. gwael = wohlfeil, billig, aber auch Anteil an Grund und Boden, Holzgewalt genannt..
Also nicht walt, sondern wal, und im ursprünglichen Sinn „nicht wertvoll", ärmlich.

Haushütte
Könnte mit „hus, huis" = alt zusammenhängen
Urk. aivestu-s = Alter, Zeitalter, corn. huis = alt.

Auf dem Wald
Ebenso Wal wie Waldhütte

Am Märchen
Flurbezeichnung, verballhornt, eigentlich „Am Meerken" oder „Am Meerchen", gemeint ist das „Kallens Weerken" „Kallens Weiherchen" eine kleine Bodenvertiefung in der Größe von vielleicht einem halben Hektar, früher ein beliebtes Gelände zum Schlittschuhlaufen (Eberhard Lütterfeld). Heute durch das Baugebiet „Im Eickerender Feld" verschwunden (überbaut).

Von ureurop. mar-iska = Meer-chen, gleiche Ableitung hat dt. Marsch, Marschland an der Küste, verwandt auch urk. mori = Meer

Korkamp
Kor, kar, ker, kir = Schmutz, Wasserwort
Cymr. cors = Sumpf, corsen = Ried
Kamp von urk. kumba = Tal, cymr. cwm gesprochen kom = Tal

Melandersbenden
Me = aus keltisch mag = Ebene, Fläche wie in Hückels-may bei Krefeld.
Urk. = land, entspricht unserem Land.
Entspricht Mailänder Bend

Müllenkamp
Dem Anschein nach ein Mühlenkamp, da dort tatsächlich in der Vergangenheit eine Mühle lag.
Das Kamp weist aber auf ein Kompositum hin, das eburonisch zu sein scheint. Der kurze Vokal unterstützt die Vermutung.
Urk. muldo- = Gipfel, Kopf, ir. mull, muill,
Es wird also ein etwas höher gelegenes Feld bezeichnen. Denn es gibt dort eine Anhöhe von über 40 Metern über NN (statt 38 Meter ringsum), die diesen Namen rechtfertigt.

Röckkamp
Von cymr. rhwygo = zerreißen, vielleicht ein Stück Land, das aufgeteilt wurde oder von urk. rog = wählen, rogu = Auswahl, also vielleicht „Auswahl" eines Landes, das geteilt werden soll oder ist.
Dem entspricht Tacitus, 26, "Ackerland nehmen sie (die Germanen) in einem Ausmaß, das der Zahl der Bebauer entspricht, mit gesamter Hand füreinander in Besitz; dann teilen sie es nach ihrem Range unter sich auf." Diese Auswahl mögen die Germanen wie auch ihre Vorgänger, die Hunnen (Ältesten) der Urbevölkerung, praktiziert haben.

Nuhn (zw. Kleinenbroich und Raderbroich)
Wie Nohn, Nahn, non, nan, nen, nun für Wasser (Bahlow S. 346 Stichwort Nahne)
Es wird berichtet, daß die Triet einen zweiten Ablauf erhielt und das Zwischenland die „Nuhn"genannt wurde. 24. Mai 1519 (Bremer).
Ureurop. non- bedeutet "irgendwo" und wird in dem Zusammenhang, wo die beiden parallelen Bachläufe zugleich Grenzbäche sind, "Niemandsland" bedeuten. Dem entspricht genau ureurop. inon = nirgendwo.

Flurnamen von Kleinenbroich (Bremer, Liedberg S. 815)

Auf der Bach, bedeutet nicht Bach in unserem Sinne, bac ist Flurname
Von urk. bakko-s = Haken, cymr. bach = Angelhaken
Vielleicht Stelle, wo man am Jüchener Bach angelte oder Flußabschnittsname.

Bonetsweide
Urk. bonuto = Ursprung, Grundlage, cymr. bonad = Fußboden, Unterlage, bonedd = Ursprung
Vielleicht im Sinne von Weide auf dem Talgrund.

Bongartsweide
Vermutlich kein Baumgarten-weide, Bong- aus ureuropäisch (p/b)-ong-i- = gut, wohl und ureurop. ertz = Rand, vielleicht Talrand, Flußrand, das ist dann sinngleich mit Furt, Furt durch das Tal.

An der Brücke
= Broich

An der **Viehbrücke**, vi hat mit Vieh nichts zu tun, gemäß der Lage nasse Flur, vie von urk. veis = fließen, cymr. gwy

Brücke ist die schon bekannte Verballhornung von Broich.

Auf dem Dick
Flurname, der nach dem Dickbach benannt ist. Auch Dyck.

Eickerend
s.o.

Erpherd
Von ureurop. erp-in = Kuppe, Spitze, Höhepunkt
herd = ureurop. herri, r = d, = Dorf, Ortschaft
also Dorf auf der Anhöhe.

Grüner Weg
Siehe oben.

Hottessen 1575,
hot von ureurop. hotz, hoz (gesprochen hot) = Kälte,
und ess vermutlich von ureurop. es, ess = esk, isk = Wasser, also Kaltwasser.

Klarenbroich
Von urk. klaro- = Tafel, Brett, vermutlich wie eine Zweitbedeutung im Lateinischen clarigatio = Ersatzanspruch, tabella = u. a. Kontrakt, Schuldschein
also vielleicht ein verpfändetes Broich

Klarenstraße
ebenso, mit Bezug zu kleinem Gehölz, kleiner Wald

Königskamp
König entstellt aus cymr. cawn = Ried, Stengel, von urk. kano-, konallo- = Rohr,

Korfsweier
Wahrscheinlich entstellt aus urk. korgsa = Reiher, ir. corr = Kranich
Weier = cymr. gwy, dt. weyhe, Weiher
Also Reiherteich, Kormoran-See.

Latmannsgut
Urk. lati- = Flüssigkeit, corn lad, ureurop. lats = Bach
Urk. makni- = Sumpf
Also sumpfiges Gut.

Leinhaus
urk. leima = Linde, Ulme
Also Lindenhaus.

Auf der Lucht (Leuchte)
Urk. loigo-s = Kalb, ir. loig, loeg = Kalb, Füllen
Kälberwiese

Mevisbusch, Mevishof
Vermutlich von urk. *meva = besudeln, cymr. mywion-yn, also Wasserwort in dem Sinn "Feuchtgelände"

Steinlochshof
Stein von urk. (s)tenovo = Fluß, Gewässer,
Loch von urk. laku- See

Steinacker
Stein s. o.
Acker von urk. aqa = Wasser
Also Wasser eines Flußes

Da auch Flächen, in denen Siedlungsreste, Steine und Ziegel, gefunden wurden, so heißen können, ist Vorsicht geboten. Liegt eine solche Flur in der unmittelbaren Nähe eines Baches oder gar auf einer Anhöhe?

Am Steg
Von urk. tego-s = Haus + Anlaut-S

Voskulen 1449
Wenn es denn nicht die Standarddeutung „Fuchskul" = Fuchsloch ist, dann versuchen wir eine Deutung aus dem Urkeltischen zu finden.
Von vasso-s = Untergebener, gall. vassos Bursche, ir. foss = Diener
Kulen von urk. kolia = Keller, Magazin, ir. cuile Hütte. Also „Hütte des Dieners". Man denke an die germanischen Erdgrubenhütten.

Walrafenserb aufm Kamp
Walrafen = Familienname
Wal von urk. vaili-s = niedrig, cymr. gwael vgl. lat. vilis = billig, gwaelod = Grundstück
raven von urk. *roves = Feld, Ebene
Und erb von urk. ervo-, erva = Acker, cymr. erw = Acker
Also niedrig bewertetes Ackereigentum

Weilerfeld
Weilerfeld dürfte einen Bezug zu „Weilerhöfe" haben, liegt auch außerhalb des Sumpfgebietes im Bereich eines römischen Gutshofes, einer „villa", so die übliche Deutung.
Aber auch Weiler = urk. vaili-s = niedrig, Landgut, gerade die letztere Bedeutung wird meist nicht erkannt oder übergangen.
Ureurop. bailara = Tal wäre eine dritte Deutung, die umso wahrscheinkicher wird, als immer mehr ureuropäische Namen erkannt werden.

Auf dem **Weier,** dürfte eher neuere Flurbezeichnung sein, nach Trockenlegung des Mühlenweihers, aber zu beachten ist, dass es das zugrunde liegende Wort wey auch im Keltischen gibt

Das alte **Werdt**
allgemein als Insel gedeutet,
von ureurop. barradera = Deich, > Polder > Werder (r = l)

Kaiserhof
Von urk. keissi- = Furche; der Kaiserhof hatte das beste Land in Kleinenbroich auf Lößboden und muß daher immer Ackerland gewesen sein.

D1.5 Liedberg

Liedberg
Von keltisch cymrisch llethr = Abhang, goidelisch/ir. leitir = Bergabhang

Haus Raedt
von urk. rati und ureurop. at = Festung

Hüsgesend
Vermutlich steckt das kelt. Wort für alt = huis darin, aber auch Familienname Hüsges + Bend möglich.

Drölsholz
Drölsholz wurde früher auch Drilsholz geschrieben.
Vermutlich von cymr. dryll = Teil (eines Waldes), teilen

Tümpsend (Steinhausen)
Tümp, Tömp, tung , tong zusammen mit end wird tümp ein altes Wasserwort sein.
Urk. (s)tombo-s = Busch, ir. tomm = Binsengestüpp

D2. Mönchengladbach

Üdding
Idg. urk. ud, utso = Wasser
Ding = Donk, wie J. Bremer meint? Aber möglich.

Elschenbroich
Flur in unmittelbarer Nähe von Korschenbroich.
Zugrunde liegt vermutlich das urk. Wort elko-s = schlecht, ir. elc, olc, also ein schlechtes Broich.

Hardterbroich
Hardt wird von einigen Forschern von germ. harud = Waldland abgeleitet. Die Versuche zur Deutung aus dem Urkeltischen mit urk. ardvo-s = hoch + Anlaut-H und urk. terso-s = Land sind nicht plausibel.
Dagegen ist eine Deutung aus dem Ureuropäischen erfolgreich:
Hardter scheint die Umkehrung von Rath zu sein, Rath = Festung, Burg, die in unserer Gegend häufig Sumpf- und Wasserburgen waren.
Oder es ist ein urkeltisches Rath/arth mit der Bedeutung "Wiese". Wir wissen es letztlich nicht.
Zu arth tritt in beiden Fällen ein Anlaut-H.

Lürrip
ureurop. lird-inga = Schleim
-ip = apa, ureurop. xirripa = Bächlein, wird ursprünglich nicht Flurname sein, sondern Bachname. Ist wohl identisch mit dem schleimigen, langsam fließenden Gladbach.

Poeth
Vermutlich von urk. (p)otiko-s = Aufseher, Vice-Herr

Rönneter
Vermutlich von urk. roino- = Hügel, bret. reun, run = Hügel,
und ir. tir = Land
also Hügelland, auch Grenzland.

Hamern
Vermutlich von urk. samtero- = halb, unvollständig, mit cymr. S > H
also vielleicht ein geteilter Hof.

Holt
Wir vermuten zunächst die übliche Deutung als deutsch Holz, Holz in niederdeutscher Form Holt.

Dann bestätigten sich unsere Zweifel bezüglich des Anlaut-H. Hollt gibt es im Cymrischen, cymr. hollt = für nicht geteiltes, nicht aufgesplittertes (Land).

Windberg
Es könnte urk. vindos = weiß = nass zugrunde liegen.
also nasses Land.

Mennrath
Von urk. menijo- = Berg, cymr. mynydd = Berg, auch ureurop. mendi = Berg oder von ureurop. men = herrschen
von urk. rati- = Erdwall, Erdbank, Festung, Verteidigungsanlage auf einem Hügel

Himmlich Broich
Himm = heim = hin = sent = Weg, kelt. S > H,
„lich" läßt mehrere Deutungen zu:
1. Deutung: urk. (p)lsso-s = ein mit einem ringsumlaufenden Erdwall befestigter Wohnsitz, ir. less, Gen liss, cymr. lys
Also ein Weg, der zu einer Befestigung führte
2. Deutung: urk. lek, lenk, leksovio,   gall. lex, lix = schräg, urverwandt lat. clivus = Steigung, Abhang
Also eher ein Weg mit Steigung, abschüssiger Weg.

Heyerhütte
Heyerhof: Der Name erklärt sich geschichtlich von Heien = Hiemannen, das waren die Vertreter der Hörigen (Bremer, Millendonk, S. 71).
urk. seno-s = alt, > Hin = Hunnen (Älteste) = Heien = die Ältesten der Hörigen, keltisches S > H. In Heien-/Heyer drückt sich noch ein Teil der alten eburonischen Herrschaftshierarchie aus.

Baueshütte
von bov-s, bovi- = Rind, ir. bou, cymr. buw

Lockhütte
Lok = urkelt./idg. laku- = See

Engelbleck
Vermutlich entstellt aus Eng zu engel = end = Bend = Feuchtes Wiesenland (Bahlow S. 116)
Bleck = freie Fläche

Bendhütte
Aus Bend und Hütte

Hülserbleck
Huls = Stechpalme, urk. kolenno- = Hulst, ir. cuilenn, cymr. celyn = Stechpalme, Mäusedorn
Bleck bekannt, s. o.

Krahnendonk
Kren = Schmutz, Moder, Sumpf
Urk. kreu(p)enna = Rinde, Kruste, cymr. crawen
Donk bekannt.

Steinshütte
Vermutlich von urk. (s)tenovo = Tal

Reyerhütte
Von urk. regent = Herr, bret. roe

Pollerhütte
Von cymr. pwll, gesprochen poll, = Teich, Weiher, Erdloch, Mulde, Vertiefung

Bleckhütte
Bleck und Hütte

Buschhütte
Vermutlich von urk. bousso = Rindvieh, entstellt zu Busch aber auch ureuropäisch bus-ti = nass möglich

Felshütte
Von urk. vali = Umgebung, Bedeckung, ir. foil = Hürde, entstellt. Also Hütte an der Viehhürde.

Fuchshütte
Wenn ein urk. Hintergrund besteht, dann kann Fuchshütte von urk. vosso- = bleiben, ruhen, Dat. Sg. fuss, abgeleitet werden. Vgl. skr. vastu = Stätte, gr. fastu

Hamerhütte
Vielleicht ein geteilter Hof.
Vermutlich von urk. samtero- = halb, unvollständig, mit cymr. S>H

Kreuzhütte
urk. kriqa = Grenze, Kamm, ir. crioch, Grenzhütte?

Zilkeshütte
Von urk. kuli- = Abgeschiedenheit, Einsamkeit, cymr. cil = Abgeschiedenheit, ir. cuil, cil = Friedhof

Neuwerk
urk. nevio-s, novios = neu wie in noviomagus = Neumagen, Neufeld, ureurop. berri = neu, Werk = neu, berri-k, k = ureurop. Plural, etwa die Neuen.
Wahrscheinlich wurde der zweite Teil des Namens nicht mehr genau verstanden, aber den Sinn doch noch, so daß man das "Neu" hinzugefügt hat. Eine hochinteressante Verbindung von nhdt. und ureurop. Namensteilen.

Bonnenbroich
Bonn = urkeltisch bonu- = Wurzelstock, Boden, Grund, ir. bun, cymr. bon

Sittard
Urk. sei(p)ato-s = Sumpfvogel, > sumpfige Bodenstelle und
Urk. (p)ert = furt

Speick
Wie Speck, idg. Form

Venn
Aus kelt. pen, penn = Sumpf > Venn
Hier hatte die Germ. Lautverschiebung möglicherweise schon gewirkt oder spätere Angleichung.

Dahl
Von urk. dalio = teilen, ir. do-dalim = Landgut

Eicken
Wie eihera = Mühle

Hardt
Urk. ard = hoch, Höhe + Anlaut-H
oder Konsonantenumkehr von rath zu ardt, Festung oder Wiese mit Anlaut-H

Wyenhütte
Von urk. *veis = Fließen, cymr. gwy = Flüssigkeit

Hamern
Vielleicht ein geteilter Hof.
Vermutlich von urk. samtero- = halb, unvollständig, mit cymr. S>H

Merreter
Von urk. merga = Runzel, Falte, cymr. mer-ddwr = überfließendes Wasser, (aqua stagnans), träge fließendes Wasser
ter = urk. tersos = Land
Also Land, das überschwemmt wird, aber nicht schnell wieder trocken fällt.

Mackeshütte
Von urk. makni-, mokno- = Sumpf

Wickrathhahn
Wick-rath
1. Deutung: ureurop. bik-ain = beste, vortrefflich,
rath = Burg
2. Deutung: urk. *veg = netzen, benetzen und
rath = cymr. Wiese
Hahn von urk. (p)ana = Sumpf, ana + Anlaut-H
also Doppelbezeichnung feuchte Wiese und Sumpf

Genhodder
Von urk. sei(p)ato- = Sumpfvogel, cymr, hwyad = Ente, corn. hoet, mbret. houat = Ente
Gen = pen, irischer Einfluß.

Gatzweiler
Von urk. gazd = Ruthe, Weide und
Von urk. vaili-s = niedrig, cymr. gwaelod = Landgut, Boden, Grund
Also ist es möglich, daß einige –weiler-Namen auf lat. –villa zurückgehen, aber nicht wahrscheinlich, wenn kelt. Bestimmungswörter damit verbunden werden.

Bettrath-Hoven
1. vaskon. bat-u = sich vereinigen, bat-za = Bund, -rath = Burg
2. vaskon. bet-e = beobachten, eine Festung zur Beobachtung

3. vaskon.bat-u = melken, rath = Wiese; > Wiese auf der gemolken wurde

Hilderath
vaskon. indar = ildar = Stärke + Anlaut-H, verwandt mit dt. ahd. hild = Kampf, also eine Kampfburg

Groterath
vaskon. kordoka = wanken, erschüttern, rath = Burg (mit Konsonantenumkehr kord > grot)

Hoven
= Hütten, ureurop. hobi = Grube, das waren wohl meist Gruben-, Erdhütten, Tacitus 16, "sie (die Germanen) schachten auch oft Gruben aus als Zuflucht für den Winter und als Fruchtspeicher. Derartige Räume schwächen nämlich die Wirkung der strengen Kälte...."

Dünn
Von urk. dindu- = Hügel, Höhe, ir. dind, dinn = Hügel, Höhe

Hockstein
vermutlich von urk. (p)oikos = Feind
und s-tenovo = Fluß, Bach
also ein Bach, hinter dem Feindesland beginnt, ein Grenzbach

Hehn
Urk. endi- = Ende, Spitze, ir. ind. = Ende, Spitze, Haupt, acymr. hin, air. et = Ende, Spitze
auch irisch Gen, Ken, Kin, also cymr. Ursprungs.

Rasseln
*razd = reiben, glätten, cymr. rhath Ebene, Fläche, Wiese?

Wey
*veis = fließen, cymr. gwy = Fluß, Flüssigkeit

Donk
Von urk. tumbo-s = kleiner Hügel, ir. tomm, skr. tunga = hoch, Anhöhe

Winkeln
Von urk. viko-s = Dorf, viko-s mit N-Erweiterung zu vink, ir. fich ,

Woof
urk. *vo-bero = ich trage hinab, irisch fo-bar > fob-ar = Quelle

Schriefers
(r) ibar = Tal, Flußebene, mit Anlaut - S

D3. Rheydt (Stadt Mönchengladbach)

Rheydt
Von urk. (p)rtu- = Übergang, cymr. rhyd = Furt, Brücke
oder von nddt. rit, cymr. rhidio = (riddle, sieve) Siefen, ureurop. r-idoi = Pfütze

Schelsen
Schelsen heißt in älteren Überlieferungen „Schechtelhausen". Der Name wird vermutlich von ureurop. saih-eska = schräg und tal-aia = Wachtturm kommen. Schelsen liegt auf einer der ersten Anhöhen, unten die Sumpforte und so zur Beobachtung der Umgebung sehr geeignet.

Horst
von ureurop. bortxa = Gewalt, > porst, > horst: eine Verteidigungsanlage, Burg

Ohler
Von urk. (p)oklo- = Versammlung, ir. ol in tin-ol = sammeln, do-in-olaim = ich versammele
Vermutlich ein Versammlungsort.

Wetschewell
zwei Deutungen, die wieder die enge Verwandtschaft von Urkeltisch und Ureuropäisch zeigen:
1. Deutung: Von urk. *ved = feucht sein und urk. velti- = Gras,
2. Deutung: ureurop. bet-e = füllen, voll Wasser, und ureurop. bel-ar = Gras, Wiese
also beide Deutungen = feuchtes Gras,

Ompert
Von urk. (p)omonaio- = Eiche und
von (p)ert = Furt, Übergang

Also Furt an der Eiche

Geistenbeck
Von urk. gazdo = Ruthe, Weide
Also Weiden am Bach

Genholland
Hol-land von urk. sollo-s = ganz, ungeteilt, cymr. holl = ganz
-land von urk. landa = freie Fläche, Hof, Platz, ir. land, lann = freier Platz, acymr. lann = Land
also Holland = ungeteiltes Land
Gen von Irisch kin, gen entsprechend pen im Cymrischen. = Kopf, Spitze
Die Namen auf Gen zeugen von irischer Herkunft.

Pongs
Urk. (p)ongo- = Herd

Tackhütte
Ack ist wie eck ureurop. bzw. vorkeltisches aqa. Wahrscheinlich mit Anlaut–T, das kommt im Gebiet des Nordwestblocks häufig vor, so in T-anger, T-enkterer u.a und ist ureuropäischen Ursprungs.

Leppershütte
Könnte ursprünglich mit lavo- = Wasser, levo = ich spüle oder mit urk. lubi- = Kraut, ahd. luppi = Gift, Zauberei zusammenhängen.
Oder von ureurop. lab-aki = urbar machen. Ist nicht zu entscheiden.

Taubenhütte
Der in französischen Landkarten (1811) überlieferte Name ist „duvenhütte". In der Korschenbroicher Mundart würde man das als „Taubenhütte" übersetzen. Es spricht aber alles dafür, dass in „duven" das alte „duv, oder dub, oder dup" = keltisch „dunkel" steckt.

Auf einer anderen späteren Karte aus dem neunzehnten Jahrhundert ist der Ortsteil mit „Laubenhütte" angegeben.
Die wahrscheinlichere Variante ist die erste, Taubenhütte vermutlich nur falsch als Laubenhütte abgeschrieben, während die Urversion „Duvenhütte" heißt.

Trimpelshütte
Trim von ureurop. trin-ko = dicht, dichter Wald,
-pel von ureurop. bel-ar = Gras, aber urk. belja, beljo = Baum, Blatt
Vielleicht Hütte an einem dichten Wald oder dichtem Gras.

Ruckes
Von urk. rusko- = Rinde, korb, ir. rusc, rhisg, siehe mhd. rusche = Binse

Stähn
Von urk. (s)tag = besprengen, cymr. taen + Anlaut-S
bret. sten = Teich, Sumpfwasser

Mülfort
946 als Moliuort bezeugt. (Gysseling)
Enthält das Gewässerwort mul, ureurop. mur, von murgil ist gleichwertig mit mul, r = l murgil = untertauchen,
fort vermutlich aus idg. urk. pert, pard = Furt.

Zoppenbroich
Von urk. soqo- = Harz, cymr. s > h und q > p, = hopp, so auch Soppenbroich

Hoppbroich
Urk. soqo- = Harz, cymr. s > h und q > p, = hopp, ergibt erst Sobbenbroich = Soppenbroich, dann Hoppbroich.
Es fragt sich, wie das Harz eine Rolle spielen kann. Gibt es einen Baum, der in unserer Gegend Harz hervorbringt?

Die Kiefer ist auf sandigem Grund bekannt, auch ein Urstromtal kann sandige Böden aufweisen, wenn auch meist Eichen, Erlen und Weiden vorherrschen.

Die Deutung scheint eine Bestätigung zu erfahren durch einen Flurnamen in Glehn, als Sobbenbroich belegt. Also ist hier das Hopp in einer älteren Form überliefert, als S noch nicht zu H umgewandelt war.

Das kann mit einem anderen Dialekt der Vorkelten zu tun haben, denn das H tritt bekanntlich nur im britischen Zweig, cymrisch, bretonisch, cornisch auf, nicht im Irischen oder in einer anderen Zeit, in der die Sprache noch nicht so weit verändert war.

Hütz
Von urk. utso = Wasser, mit Anlaut-H vor Vokal

Hützend
s. Hütz, urk. utso = Wasser

Dohr
Dohr wahrscheinlich von vaskon. zor-rotada = Wasserstrahl, >nasses Gelände

Bahner
Pan > Ban = urk. (p)ana =Sumpf, siehe Schiefbahn, Bauerbahn, Bannerstraß
Mhd. espan = freier Platz in einer Flur

Högden
Vielleicht von urk. (p)uchta = Fichte, mit Anlaut-H vor Vokal.

Bungt
Bun = Bon, wie Bonnenbroich, niedriges Broich.

Puttschen
Wie buttgen, Büttgen, urk. buta = Haus, ir. both = Hütte, cymr. bod

Eiger
Wie eicker = vaskon. eihera = Mühle

Bell
von urk. bail = Haus

Odenkirchen
ureuropäisch udal = Gemeinde, karika = Straße; also Gemeindestraße
Andere Deutung: kelt. ud = Wasser
und vermutlich Kirchen von kirs, kors = Sumpf

Plenerholz
von len, lem auch Lehm- urk. leima = Linde, Ulme

Looshof
von los, lus, urk. lussu- = Kraut, auch als lüsch = Wasserpflanze
Der Name deckt sich mit der Landschaft, bei Looshof ist der obere Einzugsbereich des ehemaligen Schelsener Baches

Loosbenden
Siehe Looshof.
Benden = feuchte Wiesen

Am Düvel
devel und duvel in Holland alte Bachnamen. Norwegisch dyvel = Pfuhl, l = r , > urk. dubro-n = Wasser, ir. dobar, acymr. dubr, ncymr. dwfr, corn. dofer = Fluß; der frühere Oberlauf des Schelsener Baches

Geneicken wurde aus Gen-p-eicken gebildet.
Eicken wie pecken, beck, bach, gen = Spitze, Kopf, landschaftsbezogen
Auf „gen" gehen wir später ein, erwähnen hier nur, daß neben dem Cymrischen auch goidelische, d.h. irische Spuren in Korschenbroich zu finden sind.

Voossen
Von urk. vosso- = bleiben, ruhen, ir. foss = bleiben

Chur
Ir. curchas = Rohr

Genhülsen
Gen = ir. kin, ken <> pen = Kopf, Spitze
Huls = Stechpalme, urk. kolenno- = Hulst, ir. cuilenn, cymr. celyn = Stechpalme, Mäusedorn

Heiligenpesch
Heiligen von urk. saliks = Weide, acymr. helic = Weide, corn. heligen. Also richtiger ein Weidenpesch

Baum
Von urk. bonu- = Wurzelstock, der untere Teil.
Vermutlich niedriges feuchtes Land

Günhoven
Vermutlich von urk. kano- = Rohr, Ähre, cymr. cawn = Riede, Stengel
hoven = Erdhütte

Kothausen
Von vaskon. gotor = befestigen,ein befestigtes Anwesen, Hofesfeste

Darthausen
Von urk. daro = bespringen, Deckstation?

Die Krapp
Von urk. kra(p)o-s = Dach, ir. cro, cymr. craw = Schweinestall

Koch
Von ureurop. kokatze = Ansiedlung, siehe auch Kuckuck

Beltinghoven
Von urk velti = Gras, (r)ing = Umgebung, hoven = hobi = Grube, Schacht, Erdhütte; > Erdhütten, von Wiesen umgeben

Griesbarth
Von ureurop. geriza = Schutz suchen
barth = ureurop. bert-ako = Einheimischer, ortsansässig = bert-rath?
also eine Fluchtburg für die einheimische Bevölkerung.

Wickrathhahn
wie Wickrath und Hahn
Hahn von urk. (p)ana = Sumpf, ana + Anlaut-H
Burg in Feuchter Wiese oder Sumpf

Wickrath
vaskon. bik -ain = vortrefflich, rath = Burg

Stollenend
Von urk. tukslo-s = hohl, das Hohle, ir. toll, cymr. twll = Loch, +Anlaut-S
End = Bend

Beckrath
vaskon. bak - an = einigartig, einzeln, >Burg in der Einsamkeit.

Finkenberg
Vermutlich urk. viko-s = Dorf, vik <> vink, mit n-Erweiterung?

Palandstr.
Von ureuropäisch pal – ant = Sumpf – bach
sofern es nicht ein Familienname ist, der aber so erklärt werden kann.

D4. Viersen

Rahser
Von (r) es-kasia = Mangel, sar-ale = Heu

Hoser
Vermutlich von vaskon. hos-to = Blatt, sar-i = dicht, > dichte Belaubung

Heimer
1. von urk. en-bero-s = Mündung, ir. inber, cymr. ynfer
2. alte Bezeichnungen Heimenrade und Heinerath: seme = Sohn, s=h, e=ei, rath = Weise, > Hausweide

Ummer
Von vaskon. um- antzi = kleiner Weiher, mar = Wasser

D5. Willich

Anrath (Stadt Willich)
1. kelt. (p) an = Sumpf, rath = Burg oder Wiese,
2. vaskon. en-dur = schwinden, verkümmern, > rath = Burg oder Wiese

Söther Spick (Schiefbahn)
Oder auch söder spick, siehe Flur „auf der sooth" in Glehn.
Sooth = sooth = nasser Schlamm, Brühe. Darin steckt das Wasserwort kelt. utso, ud, mit S-Anlaut sud.
Spick = jüngere Form von speck = Tümpel.

Bresserhof
Möglicherweise von urk. brta, brto-s = Urteil oder von bratu- = Gericht, irisch breth = Urteil, Urteilsspruch, cymr. bryd, corn. brys.
> also altes Gerichtsgebäude

Schiefbahner Spick (Schiefbahn)
ahd. siefen = sumpfige Bodenstelle. bahn = pan = Sumpf
Spick siehe Söther Spick, auch Speck = Tümpel

Schiefbahn (Stadt Willich)
ahd./vaskon. sik-atu = trocken fallen, siefen = sumpfige Bodenstelle, keltisch pan = Sumpf

Kollenburg Benden
Kollenburg ist im Schrifttum auch als Kalenburg übermittelt, das ist die germanisierte Form von Kollenburg.
Eine wahrscheinliche Deutung ergibt sich aus ureurop. berberisch kall = Burg. Wahrscheinlich war die Bedeutung von kall den Menschen noch bewußt, so daß Kallen-, Kollen-burg eigentlich Burg-Burg heißt.
Dieselbe Erscheinung haben wir in dem Namen Neuwerk, der eigentlich Neu - berri heißt, ureurop. berri für neu, Plural berri-k, also Neu - Neu.

Kehn (Stadt Willich)
Gleich Pen, aber in der goidelisch-keltischen Form mit K-Anlaut, eigentlich ceann, ken > Kehn.
Bedeutet Haupt, Spitze, oberster.

D6. Kaarst und einige benachbarte Orte und Fluren

Kaarst (Stadt)
Karlsforst (1214)
Karlesvorst (1218 - 1223) (Gysseling)
Karlisfort (1223) (Gysseling)
Carstvorst (1308) Liber valoris
Karsuoirst (1318),
Alle älteren Ortsnamen nach H. G. Kirchhoff und Gysseling.

Nach der geläufigen Interpretation soll der Name Kaarst von einer abgeschliffenen Form des Namens Karlsvorst stammen, worin die Erinnerung an Karl den Großen wachgehalten werden soll.
Ein ernst zu nehmender Historiker wie Prof. Dr. Hans Georg Kirchhoff, der sich in der Geschichte unseres Landstriches wie kein zweiter auskennt, lässt jedoch auch andere Deutungen zu.

Die zu verschiedenen Zeitpunkten überlieferten Namen können uns Hinweise auf die Entstehung des Namens geben.
Das ist eine bewährte Methode der Namenforschung.
Leider versagt sie oft, weil die Überlieferung nicht weit genug in die Vergangenheit hineinreicht und auch deswegen, weil Entstellungen (Verballhornungen) auch in früherer Zeit nicht auszuschließen sind.

Die Fassung von 1308, die kaum 100 Jahre nach der Form Karlsforst auftaucht, und Carstvorst heißt, kann durchaus eine gleichzeitig bestehende Namenform sein, und sei sie nur mündlich überliefert.
Das heißt, der erste Teil des Namens, nämlich Carst, kann älter sein und außerdem eine Zusammenziehung von Karls-vorst <u>nicht</u> sein, denn vorst wird immer noch genannt.
So ist von einem alten Teil Carst auszugehen, an den ein Teil Vorst angehängt wurde.

Diese Anschauung verträgt sich auch mit dem Ortsnamen Kaarster Hütte in Kleinenbroich, für den wir keine Beziehung zu dem Ort Kaarst fanden.
Außerdem wird der Name im Jahre 1318 einmal Karsuoirst genannt. (Kirchhoff, Geschichte der Stadt Kaarst, S. 60)
Carse findet sich in England/Wales als Namenteil und bedeutet „tief liegendes Land neben dem Fluß" = Aue.
Das entspricht fast bis auf einen Buchstaben (t) den zitierten Namensteilen aus Großbritannien, die als walisisch oder cymrisch und damit keltisch zu bezeichnen sind.

Kaarst deutet schon mit dem K-Anlaut auf alte vorgermanische Sprachschicht hin, germanisch würde daraus ein Harst, so ein Bach und Dorf nördlich von Göttingen. Also wieder eine Bestätigung des Namens Kars für die Deutung als Bachaue.
Übrigens liegt Kaarster Hütte in Kleinenbroich genau in der Bachaue des Jüchener Baches (vermutlich der früheren Glehne).

Kars leitet sich ab von ureurop. gorotz = Mist, Kot, das auch ein Endungs-t enthält, und Vorst von ureurop. bortxa = Zwang, Gewalt. Vorst ist also eine älteste nachweisbare Bezeichnung für Burg, Festung.
Kaarst ist nicht die Zusammenziehung von Karles und vorst, sondern von Kars und vorst zu K(a)ars(vors)t.

Vorst
Für das vorgenannte Vorst fällt auf, dass die Namen Vorst mehrmals am Niederrhein vorkommen, das sich wie ein Gürtel von Ost (Kaarst- in Verbindung mit Vorst genannt), dann Büttgen-Vorst, Glehn Vorst, über Eschenforst (aber fraglich), Haus Horst b. Rheydt, Mönchengladbach-Vorst, Tönisvorst und Viersen-Vorst, über Wachtendonk-Vorst bis Nordwest (Straelen-Vorst) hinzieht.

Auf niederländischer Seite setzt sich die Reihe fort mit Grubbenvorst bei Venlo, Vorste Steeg ebenfalls b. Venlo, Boekhuizer Vorst und Horst nordwestlich Venlo.

Das häufige Vorkommen von ureurop. bortxa = Gewalt, Zwang, aus dem der Name Vorst entstanden sein wird, läßt darauf schließen, daß die Vorst-Orte eine Art Verteidigungsburgen waren.
Aus bortxa kann portxa geworden sein, aus portxa dann porst und vorst, dann horst. Verschiebung von P nach H ist im Ureuropäischen möglich. So sind besondere Häufungen der -horst-Namen dort zu finden, wo vermutlich eine ureurop. Bevölkerung sich gegen Indogermanen wehrte, in unserer Gegend Haus Horst bei Rheydt, dann Horst in den Niederlanden nw. von Venlo.
Die ureuropäischen Stämme werden sich gegen die von Norden und Osten hereinbrechenden Indogermanen haben verteidigen müssen. Nachdem sie unterlagen (?), wurden sie anscheinend nicht vollständig vernichtet, denn es gab genügend Menschen, die die Namen überlieferten. Das könnte sich um ca 2000 v. Chr. abgespielt haben.

Daneben gibt es eine zweite Reihe von Burgennamen, die auf -rath. Aber diese rath-Namen sind neben urkeltisch auch ureuropäisch zu erklären, so daß wir letztlich nicht wissen, ob die Burgen keltisch oder doch älter sind. Jedenfalls lassen sich die meisten Bestimmungswörter der -rath-Namen mit militärisch-politischen Belangen aus dem Ureuropäischen ableiten.

Ist es Zufall, dass entlang der oben dargestellten Linie viele Ortsnamen vermutlich Festungsorte bezeugen?
Hüllchrath zwischen Neuss und Grevenbroich, Erprath b. Neuss, Grefrath b. Neuss, Lanzerath b. Neuss, Grefrath b. Kaarst (verschwunden bis auf den Namen), Randerath und Stepprath in Kleinenbroich, von Schutzwasser umgeben, Haus Raedt bei Liedberg, Rubbelrath s. Glehn, Mönchengladbach - Beckrath, Anrath, Grefrath b. Kempen. Südlich dieser Linie gibt es noch etliche dieser Rath-Burgen.

Eine andere Erklärung geht dahin, daß Vorst und Rath Burgen verschiedener Stärke darstellen, Vorst eher eine ältere Burgform, aus Verhau, Dickicht, Flechtwerk gebaut, Rath in späterer Zeit als Erdwall, Erdbank, mit Pfahlbefestigungen im Sinne von Fluchtburg für die Bevölkerung, beide Arten aber ureuropäischer Herkunft. Das würde mit dem etwaigen Grenzsaum der Vorst-Namen übereinstimmen.

Ahn
Ahner Honschaft : = Driesch, Heide, Linning, Vorst,
= (p)an = Sumpf

Wattmannstraße
Urk. wat, ved = naß, Sumpf, Ried, Moor
Urk. makni = Sumpf, ir. moin, cymr. mawn, mann
Straße = kleiner Wald

Linning
Urk. lendu- = Wasser, Pfuhl, See, ir. lind, cymr. linn See, Tümpel, Teich.
Dann auch ein abgeschliffenes donk möglich. So wie Rhedung = rhedonk

Büttgen
Büttgen wird allgemein von Budica hergeleitet. In verschiedenen Quellen wird Büttgen Budecho (1027), Budeche (1197) und Budeke (1249) genannt. Andere vermuten in Büttgen ein Budiacum, eine sehr häufige Namenform gallisch-römischen Ursprungs. Siehe die Ortsnamen um Düren und Zülpich.
In Büttgen könnte eine Wurzel bot, but stecken, mit einem Suffix k, das wie im Deutschen ein verkleinerndes Element anzeigt. „bot" bedeutet im Altgälischen „haus", „budica" könnte also soviel wie „Häuschen" bedeuten.

Schließlich könnte Büttgen auch zu Puttschen in Rheydt gestellt werden, was eine alte Form darstellt, oder umgekehrt.

Hans Georg Kirchhoff geht in seinem Buch „Geschichte der Stadt Kaarst" (1987) ausführlich auf die Frage nach der Herkunft des Namens Büttgen ein.

Zitat Kirchhoff: „Am leichtesten ist die neuere Auffassung greifbar in dem Buch von R. Hachmann – G. Kossack – H. Kuhn, Völker zwischen Germanen und Kelten, Neumünster 1962.
Sehr zurückhaltend, im Grunde ablehnend äußert sich Harald von Petrikovits in Bd 1,1 der „Rheinischen Geschichte", hg. von Franz Petri und Georg Droege, Düsseldorf 1978, S. 43 f. und 57 ff. (mit Literaturhinweisen S 302 und S. 309).

Die Diskussion ist noch in vollem Gange.
Zu Budica wird von Förstemann-Jellinghaus, a.a.O., Bödeken bei Büren/Westfalen als Parallele aufgeführt, was gegen keltischen, aber für „belgischen" Ursprungs des Namens spricht.
Die ältere Auffassung findet sich z.B. bei Franz Cramer (Rheinische Ortsnamen aus römischer und vorrömischer Zeit, Wiesbaden 1970 – Nachdruck der Ausgabe von 1901, S 100), der Büttgen für einen weitverbreiteten keltischen Namen hielt, vom selben Stamm wie Buodobriga (Boppard am Rhein und Bupprich Kreis Saarlouis) sowie Bütgenbach bei Malmedy/St. Vith und Bouderath bei Schleiden." Zitat Ende.

Eine neue Deutung, die wir hier vorstellen wollen und die das Ureuropäische einbeziehen, geht von buz-tinerre = Ziegelstein, buz-tinola = Ziegelei, z = t, seien es Ziegel aus Lehm oder gebranntem Ton, daraus ergibt sich der erste Teil von Bütt-gen. Der zweite Teil -gen findet sich in ureuropäisch gel-a, = gen-a, l = n, gela = Zimmer, Stube, Raum, (Haus).

Rottes
Bisher immer als Rothaus gedeutet. Wie so oft Entstellung.
Urk. roves = Feld, Ebene, ir. roi (zweisilbig), urk. tegos- = Haus, ir. teg, tech, Rottes = Feldhaus, Scheune?
Aber auch 2. Deutung möglich: rott kann umgelautetes rath sein, auch "Burg am Haus" oder am Dorf oder "Haus an der Burg." Es gibt mehrere Höfe, auf deren Gelände vom Umfang her und durch Gräben geschützt ehemalige Burgen gestanden haben könnten.

Kommerhof (Stadt Kaarst)
Von keltisch cymr. cwmmer, gespr. Kommer = Zusammenfluß, Zusammenkommen von Wegen und Flüssen.

Werret
 = Wer-coit = nasser Wald, coit, > chet > ithi, ithi, et = Wald, vielleicht auch im Sinn von Grenze
Wer = Wasser, das hat nichts mit ver, lat. vir = Mann zu tun.
Nasses Gehölz

Grefrath
Dieser Platz ist in der Gemeinde Kaarst nicht mehr lokalisierbar, der Name dürfte aus ureurop. r-at > urk. rati- = Erdbank. Erdwall. > Befestigung erklärbar sein.
Die Erklärung "Befestigung" wird verstärkt durch die Angabe ureurop. garb-i = ausplündern.

Driesch
ureurop. trisk-antza = Zerstörung.

Weiler Höfe
Weiler nicht von lat. villa, sondern ureurop. bailar-a = Tal

Buscher Höfe
Buscher wahrscheinlich von ureurop. bus-ti = nass, da die Lage eher darauf schließen läßt.

Hüllchrath (Stadt Grevenbroich)
Sor und rath. Sor entspricht Senke, sor = Hüll, s = h, r = l, -ach ist eine ähnliche Endung wie –ais und bezeichnet eine Eigenschaft, nämlich hüll-artig. Keltisch rath gibt es zwar auch als Wiese, aber hier dürfte wohl ureuropäisch Festung zutreffen. Also eine „in einer Senke liegende Festung, Burg", wahrscheinlich Wasserburg, was sie noch heute ist.

Neuss-Vogelsang
Urk. voglo = harnen und sang entstellt aus urk. sinda = Fluß, also ein schmutziger, vielleicht langsam fließender Bach.

Neuss-Morgensternsheide
morgen von ureurop. murg-il = untertauchen, versinken
stern von urk. stagro - = Wasser, Fluß, abret. staer, nbret. ster = Fluß

Neuss-Erprath
an der Erft bei Neuss, von ureurop. erp-in = Kuppe, Spitze, Höhepunkt, vermutlich also eine Burg auf einer kleinen Anhöhe; vielleicht haben wir hier einen Vorgänger der im Rheinland häufigen "Motten", kleine Burgen auf angeschütteten Erhebungen im Sumpfland.
"Motte" könnte demnach mit ureurop. mut-iri = kühn, unges"tüm" (Konsonantenumkehr) in Verbindung gebracht werden.

D7. Erkelenz

Erkelenz
Von urk. (p)argo- = Tropfen, ir. arg, cymr. eira = Schnee
und urk. lendu- = Wasser, Pfuhl, See
oder ureurop. argi = Licht, hell, licht, klar, und lintzura = Sumpf, Morast
was der keltischen/urk. Bedeutung von weiß entspricht.
Zwei Deutungen mit demselben Ergebnis.

Genhof
Vielleicht von urk. (p)oveno- = Schaum, ir. uan, cymr. ewyn, Anlaut-H ergänzt

Genfeld
Vermutlich entstellt von vaili-s = niedrig, auch Landgut

Genrohe
Vermutlich von *roves- Feld, Ebene, ir. roe, roi = ebenes Feld

D8. Die Namen mit Vorsilbe „Gen-„

1. Gen = Gipfel
Hier haben wir es mit der keltischen/goidelischen Form Ceann für Penn zu tun; wie aus pent ein bend und ein Ent und schließlich ein End wurde, so wurde ein ceann > gen vorgesetzt, gleichbedeutend mit keltisch cind, in schottischen Ortsnamen massenweise als vorgesetztes Kin-. Dieses Kin, Kind ist vermutlich aus ureurop. gand-or = Gebirgskamm entstanden, Lautvertretung g zu k nach von der Gabelentz, dies entspricht der cymr. Form pen, die mit ureurop. pen-t-oka = Hügel zusammenhängt, also fast gleichbedeutend mit kin.
Oder aus gain = Gipfel, das zu Gen- oder –gen wurde.

Ob man daraus schließen darf, daß hierzulande einmal (wenn auch nur eine Zeitlang) K-Kelten gewohnt haben, ist nicht sicher, aber wahrscheinlich.

2. gain-behera = Verfall

Ken, Kene, entspricht Gen, ceann

Geneicken (Mönchengladbach), Gain-behera = Verfall einer Mühle
Genhahn (hahn = an = Sumpf) (Mönchengladbach)
Genhausen (Mönchengladbach)
Genhodder (Mönchengladbach)
Genholland (Mönchengladbach)
Genhülsen (Mönchengladbach)
Gen Venne (Schiefbahn)
Geneiken (Erkelenz), Verfall einer Mühle
Genhof (Erkelenz)
Genfeld (Erkelenz)
Genrohe (Erkelenz)
Geneng (Wachtendonk)
Genholt – Lüttelbracht (Brüggen)
Geniel (Geldern)
Gen pael (Flurname in Korschenbroich)
Caen bei Straelen
Gennep bei Boxmeer (NL)

Die Familiennamen auf –gen können zum Teil hierher rühren, wenn auch nicht alle, da es nicht soviele Namen gibt, die sich auf entsprechende Ortsnamen beziehen. Ein Beispiel, wo es zutrifft, wäre der Name Roetgen (nördlich von Monschau gelegen) oder Hürtgen in der Nordeifel.

D9. Die Namen auf „-rath", meist Burg, seltener Wiese

Rath
1. Deutung: Rath wird allgemein von nhd. Rodung abgeleitet. In welchem Maße das zutrifft, bleibt dahingestelllt.
2. Deutung: Rath mit der Bedeutung Fläche, Wiese, aus urk. *razd = reiben, glätten, cymr. rhath = Ebene, Fläche,
ureurop. az-piko = Futter
3. Deutung: Rath von urk. rati-s = Erdwand, Erdbank, ir. raith
Rath von ureurop. az- = -at, r-at = stark, "Festung", az-kon = Wurfpfeil, az-pira = überwältigen, unterwerfen, Verlust des Anlaut-R im Ureuropäischen.
Das R in Rath ist in späterer Zeit weggefallen, so wie das P bei den Kelten. Die urk. Bedeutungen fußen auf dem Ureuropäischen, da das Keltische wie das Germanische eine indogermanisch-ureuropäische Mischsprache ist. (Siehe "Der Nordwestblock")
Da die Bestimmungwörter, die plausibel erscheinen, ureurop. Ursprungs sind, wollen wir die Deutungen als ureurop. ansehen.

Anrath (Stadt Willich)
von "an" = "er", ureurop. er-agotz = hindern, stören, beeinträchtigen,
r = l = n

Stepprath (Kleinenbroich)
von ureurop. txap-eldun = Sieger, im Deutschen stap > step
und ureurop. az- = -at, r-at = stark, also eine Festung aus ureurop. Zeit.

Haus Raedt (Liedberg)
Gleichbedeutend mit -rath

Rubbelrath (Glehn)
Um 1150 Rubolderode?, 1435 Robelray (lt. Kirchhoff, Glehn S. 28)
Von ureurop. uber-ka = Flußbett, (r zu l), > ubel und Wegfall

des Anlaut-R. D. h. wir haben in unseren Namen einen älteren Sprachstand als das heutige Baskische.
Ureurop. az-kar = stark, z = t, mit Anlaut-R > r-ath = Festung, vgl. ir. rati = Erdwall, Erdbank
Also benannt nach einer prähistorischen Burganlage

Schönrath (er Hof) (Kleinenbroich)
soil = soin = soilgune = Lichtung, eine auf einer Lichtung gelegene Burg

Grevenbroich-**Hüllchrath**
Sor und rath. Sor entspricht Senke, Binse, sor = Hüll, s = h, r = l, -ach ist eine ähnliche Endung wie –ais und bezeichnet eine Eigenschaft, nämlich hüll-artig. Keltisch rath gibt es zwar auch als Wiese, aber hier dürfte wohl ureuropäisch Festung zutreffen. Also eine „in einer Senke liegende Festung, Burg", wahrscheinlich Wasserburg, was sie noch heute ist.

Erprath (Stadt Neuss)
an der Erft bei Neuss, von ureurop. erp-in = Kuppe, Spitze, Höhepunkt, vermutlich also eine Burg auf einer kleinen Anhöhe; vielleicht haben wir hier einen Vorgänger der im Rheinland häufigen "Motten", kleine Burgen auf angeschütteten Erhebungen im Sumpfland oder im Wasser.
"Motte" könnte demnach mit ureurop. mut-iri = kühn, unges"tüm" (Konsonantenumkehrung) in Verbindung gebracht werden.

Lanzerath (Stadt Neuss)
Da Lanzerath nicht an einem Bach liegt, scheidet eine Deutung L-ant-e-rath, ant = Bach, aus.
Zu rath = Festung paßt ureuropäisch lantza = Lanze.

Röckrath (zu Neuss-Grefrath)
Von ureurop. oker = böse, okerbide = Verderben; Anlaut-R ist weggefallen.

Grefrath (Kaarst)
Dieser Platz ist in der Gemeinde Kaarst nicht mehr lokalisierbar, der Name dürfte aus ureurop. garb-i = ausplündern abzuleiten sein.

Grefrath (Neuss)
der Name dürfte aus ureurop. garb-i = ausplündern abzuleiten sein.

Wickrath (Mönchengladbach)
von ureurop. bik-ain = beste, vortrefflich, eine vortreffliche Burg

Bettrath (Mönchengladbach)
bask. bet-e = beobachten, eine Beobachtungsfestung

Hilderath (Mönchengladbach)
Von ureurop. indar = ildar = Stärke + Anlaut-H, hild verwandt mit dt. ahd. Hild = Kampf, also eine Burg, Kampfburg

Beckrath (Mönchengladbach)
von vask. bak-an = einzigartig, einzeln, bak-antasun = Seltenheit, Einsamkeit,> Burg in der Einsamkeit

Grotherath (Mönchengladbach)
Von ureurop. gorte = Königshof, zugehörige Burg (mit Konsonantenumkehr gort > grot)

Mennrath (Mönchengladbach)
Von ureurop. mende = Herrschaft, mend-eratu = beherrschen, unterwerfen, bezwingen,
oder von ureurop. mendi = Berg, Anhöhe, Festung auf einer Anhöhe Verteidigungsanlage auf einem Hügel oder Burg, die die Herrschaft sichern soll.

Griesbarth (Mönchengladbach)
Von ureurop. geriza = Schutz suchen

barth = ureurop. bert-ako = Einheimischer, ortsansässig = bert-rath? also eine Fluchtburg für die einheimische Bevölkerung.

Gerkerath (Mönchengladbach)
ureurop. gar-aitu besiegen und ureurop. kar-ratu = Viereck, (Befestigung)

Eschenrath (Mönchengladbach)
von aska = Tränke, also wahrscheinlich Wiese mit Tränke

Sasserath (Mönchengladbach)
ureurop. sas-takatu = erstechen, sas-tako = Dolchstich

Vogelsrath (Mönchengladbach)
ureurop. bokale = Mündung

Herrath (Mönchengladbach)
ureurop. herri = Dorf, Volk

Venrath (Mönchengladbach)
ureurop. ban-atu = vertreiben, "bannen"

Güdderath (Mönchengladbach)
ureurop. gudu = Kampf, Schlacht

Ungerath (Schwalmtal)
b. Schmalmtal/Waldniel, ureurop. uk-atu = zurückweisen + n

Tetelrath (Schwalmtal)
b. Merbeck, ureurop. zedar-ri = Grenze, z = t, r = l, also eine Grenzburg

Gützenrath (Schwalmtal)
ureurop. gut-xiets = gering schätzen, herabsetzen

Otzenrath (Erkelenz)
ureurop. otzan(du) = zähmen, bändigen, -Wiese

Priesterath (Erkelenz)
ureurop. istil = schlammig, istil = istir, r = l, +P+r, -Wiese

Oerath (Erkelenz)
ureurop. oihan = Wald, Busch, -Wiese

Matzerath (Erkelenz)
ureurop. matzina = sich erheben, rebellieren

Hetzerath (Erkelenz)
ureurop. gezi = Pfeil, Wurfpfeil, g = h

Golkrath (Erkelenz)
ureurop. gorag-une = Anhöhe, r = l

Berverath (Erkelenz)
ureurop. berbera = ebenderselbe, Berber, Burg der Einheimischen

Fronderath (Erkelenz)
ureurop. berro = vierzig, und ondar-e = Eigentum, Vermögen, Habe, Erbe, Burg einer Besatzung von zu vierzig Mann, vgl. die militärische Hardenordnung, die in Schleswig-Holstein bekundet ist (vgl. Clausen Otto, Flurnamen Schleswig-Holsteins, S. 47)

Jackerath (Erkelenz)
ureurop. jaiki = sich erheben, auflehnen

Wockerath (Erkelenz)
ureurop. bukaera = Ende, Abschluß

Gergerath (Erkelenz)
ureurop. gar-aitu = besiegen, schlagen oder von kar-aratu = Viereck, Befestigungsanlage (Burg)

Rickelrath (Wegberg)
n. Wegberg, ureurop. ikara-tu = erschrecken, r = l, + Anlaut-R

Wildenrath (Wegberg)
ureurop. bil(du) = versammeln

Dilkrath (Viersen)
b. Dülken, ureurop. tir-oka = schießen auf, r = l

Randerath (bei Geilenkirchen, an der Würm)
1. Deutung: R-ander von ureurop. R-oldar-tsu = R-ondar- (l = r) = reißend oder R-ant- = Fluß, Bach
Randerath liegt tatsächlich an einem dort schnell fließendem Bach. Dann ist die Burg nach dem Bach benannt.
Haus Randerath in Kleinenbroich hat seinen Namen durch das Geschlecht der von Randerath. Gerhard von Randerath heiratete im 12. Jahrhundert die zweite Tochter des Hermann von Liedberg. Randerath ist ein kleiner Ort im Kreis Heinsberg am linken Ufer der Würm. Der Name Randerath ist also in Kleinenbroich nicht bodenständig.

Die meisten der hier aufgeführten Namen auf -rath haben einen Bezug zu politisch-militärischen Belangen, Deutung als urk. Wiese kommt selten in Frage, aber man sollte nicht ausschließen, daß in anderen Gegenden eine andere Deutung richtig ist. Diese Namen auf -rath sind im Rheinland bis in den Hunsrück verfolgbar, aber auch rechtsrheinisch von Wülfrath über Benrath im Bergischen bis zum Westerwald. Dort gehen sie in die Form -rode über.

D10. Gewässernamen und Stegnamen

Niers (zw. Korschenbroich und Mönchengladbach)
Ist die vorgermanische Nersa, nach dem keltischen (und auch anderswo verbreiteten, vielleicht auch bei den Eburonen) Matronenkult der Nersihenae, dazu Neersbroich.
Nersihenae = Nersi-hen-ae = negel = Hautausschlag, neg-el = ner-si, und hen = hel = helfen, also eine Matrone (Göttin), die bei Hautausschlag half.

Dickbach (Kleinenbroich)
Beruht vermutlich auf indogermanisch tenkto (irisch techtaim) = "geronnen".
Ein Dickbach floß bis ca 1856 in Kleinenbroich von den Linninger Benden südwärts bis zum Weyerbend und dann in den Jüchener Bach und weiter in die Triet.

Triet (zw. Kleinenbroich und Raderbroich)
Idg trid, tret = „Kot", altdt. drit „Schmutz, Kot". Es kann sich auch um eine idg. Form handeln, die auch im germ. auftritt. Wahrscheinlicher ist jedoch direkte Herleitung aus dem Keltischen, da der gälische Ortsname FINTRAY (Kintore) a. 1180 Fintreth, a. 1203 Fintrith heißt und noch zwei Ortsnamen Pentreth heißen. Pen = Fin = Sumpf. Dieser Ortsname stellt ein Beispiel dar, daß im Keltischen eine Lautverschiebung (germanische?) auftritt.
Demnach könnte Triet = Ufer, Strand eines Flusses heißen, in der Urkunde der Grenzbegehung auch Dreith genannt.
Vgl. auch treiton-, triton- = Meer,
Im Keltischen bedeutet sredo = Strom, Guss, im acorn. stret(h), mcorn. streyth, in Korschenbroich ohne anlautendes „s" = Dreit.

Trieft/Trifft
Die Triet wurde zwischen 1800 und 1900 als Trieft bezeichnet.

Trift kann abgeleitet werden von ureurop. tripaki = Kutteln, (Kot), ein Name, der den jeweiligen Oberlauf eines Baches als langsam fließendes Gewässer als Kot-Bach, Schmutzbach empfindet.
Scheint ebenfalls Flußabschnittsname zu sein.
Triet und Trift sind also sinngleich, nämlich Kot-Bäche.
(alter Name des Jüchener Baches am Oberlauf)

Bak (Glehn)
die bak, nicht der Bach, ureurop. Flußabschnittsname; die Bak, vermutlich weil der Ursprung von baga = die Woge, kommt.

Glehne (Glehn und Kleinenbroich)
Steckt in dem Ortsnamen Kleinenbroich als Glehnenbroich, abgeschliffen zu Kleinenbroich.
Glehn = urk. glennos = Tal, Gleene, Glon, Glan, Glanis. Ureurop. kanila = Wasserhahn, bedeutet in der Landschaft "schnell fließender Fluß"

Lüschkalle
Von urk. lussu- = Kraut und urk. kalluako-s, kallukko-s = laufen lassen, gleichbedeutend mit Kalle = Dachrinne.

Dyk
Zu ureurop. tegi = Lager, Anstalt, aind. dehi = geleiteter Fluß, Damm, Aufwurf und zu verwandten Bezeichnungen wie Digena (so 726 in Holld) oder Digentia/Italien; vgl. dt. Deich, Fluß mit aufgeworfenen Ufern.
Siehe Dickbach, die Bezeichnung dyk für Bach war noch in den letzten Jahren (2008) in Kleinenbroich gebräuchlich.

Egelsbach (Korschenbroich)
Schon Bremer führt den Namen auf vorgermanische Bewohner zurück, er nennt die Kelten (Bremer Millendonk S. 6), von urk. (p)eku = Vieh, eine häufige Namengebung

Lügerbach (Neersbroich)
der Lügerbach ist die Grenze gegenüber Tackhütte,
Lüger von urk. loigo-s = Kalb, ir. loig, loeg , loig- bach = Kälberbach

Lauter (Korschenbroich)
Mitnichten ein reiner, lauterer Bach. Ich betone das, da eine andere
Deutung noch immer vertreten wird. Siehe auch Bahlow (Lauter 290), der
eine richtige Deutung gibt.
Im Schrifttum bezeugter Bach auf der Millendonk.
Siehe auch Leuther Mühle, die Namen Leuter und Löter sind in Korschenbroich (siehe Bremer) belegt.
Urk. loutro, lovatro = Bad, gall. lautro, ir. loathar, bretonisch laouer = Kanal, Abzugsgraben, "The Westmorland River Lowther is probably but Keltic for 'canal' or 'trench'." (Johnston, The Place names of England and Wales, S. 12)
Auch in Schottland, G. lowther = Kanal. Ortsname Lowther Hills in Schottland (Dumfriessh).
Der Name Lauter für einen Fluß tritt in Deutschland vor allem in den Gegenden auf, die früher einmal von Kelten besiedelt waren.
Siehe dazu auch lat. lavare, lavo, lavi, lautus = waschen, benetzen

Flöth, Fluit (Korschenbroich)
Die Namen scheinen verwandt mit fließen, sei es als Bezeichnung für ein langsam fließendes Gewässer, sei es als Fortführung von Floth zu Flöth, von p-lat und f-lat, ureurop. lats = Bach, das in Flatt enthalten zu sein scheint.

Kommerbach (Glehn)
Kommerbach, com, cum ist ein weit verbreitetes Gewässerwort, vgl. Goidelisch. comar = Zusammenfluß zweier Bäche, Flüsse
Wie Kommern. Bei Glehn fließen Jüchener Bach und Kommerbach zusammen.

Laak (Korschenbroich)
Lak = Lache, Pfütze (Bahlow 285 Lachem)

Wienandsweiher (Korschenbroich)
Wi-n = veis = vi fließen, cymr. gwy = Fluß
Nant = (347 Nanzenbach), gleich keltisch Tal, von ureurop. ant = Bach ohne Anlaut-N

Hoppegartenweiher (Korschenbroich)
Hopp aus ureurop. hobi = Grube, Schacht (entstellt)
Gart von ureurop. gertu = in der Nähe
Weiher = Wey keltisch Fluß

Leuter Weiher (Korschenbroich)
Leuter = Lauter s. o.
Viele Gewässernamen in Deutschland bezeugen keltischen Ursprung.

Siep Korschenbroich)
Gleichbedeutend mit Siek. Vgl. Wiensiepen mit Wiensiek

Keersteeg (Trietenbroich)
vermutlich von ureurop. gar-rote = Knüppel, gar wird germ. ger, also ein Knüppelsteg
steg von ureurop. tegi = Lager, Anstalt, (Gestell) + Anlaut-S

Schottensteeg (Korschenbroich)
urk. skotos = Herrscher, Besitzer, aber auch alter Familienname Schotten in Korschenbroich

E. Der Einfluß des Indogermanischen auf die örtliche Sprache und auf die Familiennamen

E1. Der Einfluß des Urkeltischen

Es gibt viele Wörter, deren indogermanische Herkunft wir weder erkennen noch vermuten.
Manche werden dem Niederländischen oder dem Englischen zugeordnet, obwohl sie indogermanisch oder keltisch, oder aber ureuropäisch sind. Die meisten sind doch wahrscheinlich in dem niederdeutschen Bereich, insbesondere dem Platt, erhalten geblieben. Aber man muß schon zugestehen, diese alten Wörter sind schwer als ehemals vorgermanisch zu erkennen. Zumal viele der so übernommenen Wörter als deutsch empfunden werden.

Interessant ist das keltische Wort für „stammelnd, stotternd" = ir. **gott**, god. Sollte der Mensch in der Vorstellung der Indogermanen, der Kelten vor Gott ein Stammelnder, Stotternder sein?

Hoppekraat = Kröte (hier wieder hoppeln, nicht im Hopp lebend, obwohl das zur Erklärung auch möglich wäre), kraat aus urk. kerdi- = Schritt, also hoppelnder Schritt.

Die meisten Bestätigungen für vorgermanische Wörter finden wir, wenn sie etwas über die Landschaft, Gewächse, Tiere oder Vögel aussagen.

So sagt uns das Kraut „**Pimpernelle**", pimper = keltisch fünf, nelle = keltisch Ecke, Kante, dass es ein Kraut mit fünf-kantigem Stiel ist.

Dau-distel, in manchen Familien noch ein lebendes Wort, von urk. damato- = Schaf, cymr. dafat, acorn. dauat, eine Distel, die von Ziegen und Schafen besonders gern gefressen wird.

Fette Henne von urk. ved = feucht sein und En-otoro- = Eingeweide, Bauch, steht für die nassen, wasserhaltigen Blätter.
Ir. "en" ist aber zugleich Kurzform von Vogel, hier haben wir eine Verwechslung (Verballhornung) von en = Eingeweide mit en = Vogel schon zu keltischer Zeit, + Anlaut-H = Hen ergibt deutsch Henne, bei Henne scheint die Bedeutung Vogel noch durch.

Pastinaken
eine kaum noch bekannte Rübe, die vornehmlich als Viehfutter diente von urk. bousso = Rindvieh und urk. teko-s, ir. tig = angenehm, schön; urk. mako = ich nähre, cymr. magu = ernähren. Also eine Rübe, die für das Rindvieh eine angenehme Ernährung darstellte.

Mangold ein Blattgemüse, leitet seinen Namen von gold = urk. colto = Nahrung und man(g) von urk. magon = groß, mächtig, also eine „große Nahrung", wirklich ein großes Blattgemüse.

Stiefmütterchen von urk. (s)tebio = ich lache, und urk. matrqa = Tante, also "Lachende Tante".

Wer kennt noch das **Labkraut,** das seinen Namen von urk. lubi = Kraut, Strauch, Pflanze her hat. Lab bedeutet im Urkeltischen gleichermaßen Heilkraut und Gift.

Maßliebchen
Von urk. *mad = kauen, ir. maisse = Speise, ahd. maz
Von urk. liqqi-s = ähnlich, angenehm, gefallend, cymr. lyp
also angenehme Speise, heißt eßbar.

Der Name des **Wiesenschaumkrauts** leitet sich von urk. kano- = Rohr, Ähre ab. Cymr. cawn = Stengel, Riede, cawn mit S-Erweiterung zu s-cawn > schaum.

Flox
vielleicht von urk. volgo = Vielheit, Fülle (der Blüten)

Nachtkerzen
Kerzen vielleicht von urk. karato-s = liebenswürdig

Borretsch
Urk. Barego = Tagesanbruch, Morgen und urk. azdo = Höcker, Knorren, das Rauhe an einer Sache

Vielleicht kennt ein Gartenfreund noch die schöne, aber sehr stachelige Karden-Distel?
Karden ist urkeltisch und heißt Dickicht. Aber auch ureurop. kardu = Distel. Zwei Pflanzen der Kardendistel lassen dich nicht mehr durch.

Buschwindröschen
Hat seinen Namen davon, dass es im Frühjahr als erstes Blümchen den Waldboden weiß bedeckt
Urk. vindo-s = weiß

Die **Salweide**: urk. sal heißt bereits Weide.

Maulwurf: er wirft nicht mit dem Maul, sondern er wirft mit seinen Grabepfoten einen Haufen, urkeltisch einen Moil, einen Haufen.

Ein männlicher Fisch hat keine Milch, aber er befruchtet die Eier anderer Fische mit seiner urk. = mealg, **Milchner**.

Wer kennt noch den Ausdruck für Schwein: **Nuckes**, Nückes, geradezu ein Kosewort für Schwein, ein uraltes familiäres Wort für Schwein. Ureurop. noka = duzen.
Der Schreiber hat es noch sprechen gehört und auch selbst gesprochen. Man muß es schon erwähnen, weil allzuviele solcher Wörter bin-

nen einer Generation aus dem Sprachschatz der Menschen verschwanden.

Lüsch, im Korschenbroicher Platt Sumpfpflanzen, Ried, Rohr bedeutend, hat wohl seinen Ursprung in urk. lussu = Kraut, Pflanze, Strauch, Wasserkräuter.
Dazu gehört Lüschhönnke, Wasserhühnchen.

Perreng in „Unges Platt" ein Wurm, ist cymrisch pryf, urkeltisch (p)erm, erweitert durch die Verkleinerungsendung –an, -ain- zu Per-ain, kleiner Wurm, > Made.

Damwild von keltisch damo-s = Rind, Ochse, Hirsch, lat. dama = Reh, Gemse.

Das niedrigste Stück am Schweinebein ist das „Is"bein, urk. is = niedrig, „**Eis**"**bein**, das niedrige Bein, also nichts mit Eis.

Ein Lotter-junge, Lotter-mädchen, in „Unges Platt" **"ne Schlodder"**, auch Lotterbett, führen ihren Namen auf urk. lutta = Hure zurück. Aber auch ureurop. lotsa = Scham.

Auch der **Kuckuck** scheint aus dem urk. übernommen zu sein, denn dort heißt er „Cuig".

Schließlich erinnert ein Eun = keltisch Vogel, an **Neuntöter,** Vogeltöter, der ja tatsächlich neben anderen Kleintieren auch (Klein)-Vögel tötet und aufspießt. Das anlautende N vor eun wird eine Verballhornung zu Neun, der Zahl, darstellen, weil man empfand, das Wort sei ohne N unvollständig gebraucht.

Nach zwei Vögeln, die ihren Namen aus dem Keltischen ableiten, suchte ich in einem Vogelbuch nach weiteren „verdächtigen" Namen. Und siehe da:

Der **Eisvogel** kann doch unmöglich nach dem Eis im Winter bezeichnet sein, das doch sein stärkster Feind auf der Nahrungssuche ist.
Tatsächlich gibt es eine plausible Deutung:
Eis wird von urk. (p)-eisko-s entsprechend dem lat. piscis = Fisch hergeleitet werden können.
Dann wäre der Sinn Eisvogel = Fischvogel, ein Vogel, der Fische fängt, was ja auch stimmt. Dazu Eisvogel = vaskonisch/ureurop. is = Wasser, isur = Ausfluß, istil = Pfütze

Und der **Pirol,** ein Vogel, der hoch in den Bäumen lebt, heißt auch danach, denn „Pir" ist Variante von urk. „prenn" = Baum, ureurop. oihan = Wald, Busch, Dschungel.

Kormoran
urk. = korgsa = Reiher, ir. corr Kranich, mori = Meer, -an = Verkleinerung
Also kleiner Meeresreiher

Wiedehopf
wiede-kop
urk. veiti- = Sehne, veido- umgebogen, schief, hopf = Kopf

Der **Merling,** in „unges Platt" Maerlänger, urkeltisch meisalko, lat. merula, keltisch mer = stehlen, merl = Diebstahl, also wahrscheinlich ein Dieb. Merl-in oder merl-ain mit der Verkleinerungsendung –an, -ain heißt kleiner Merl, ein kleiner Dieb, das ist unsere Amsel, z.B ein Kirschendieb... Übrigens von meisalko kommt auch **Meise.**

Der **Kranich** kann von keltisch garanus abgeleitet werden.

Und **Krähe** kommt von keltisch grava.

Von kelt. s<p>rava kommt der **Rabe**, aber auch **Sperling**, vielleicht als kleiner Rabe, wenn man das l-ing als entstellte –an-Endung sieht, wie bei Merling.

Die **Weihe**
ein Greifvogel, ist auf urkeltisch veiko = Rabe zurückzuführen.

Steinschmätzer
Urkelt. mad = kauen, got. matjan = essen, got. mats = Speise, ahd. maz
Kann genauso gut aus dem ahd. erklärt werden.

Kolkrabe
Vielleicht von urk. kolgo = schlagen, brechen
Ein Vogel, der die Früchte, z.B. Nüsse aufschlägt, aufbricht.

Mönchsgrasmücke
Mönch = urk. meng = Trug, oder urk. mono- = Tücke
Gras = urk. korokasto = Rohr, acymr. = cors
Mücke von urk. mugo = ich lauere oder von mukino- = Sumpf
Ein Vogel, der im Röhricht auf Beute lauert.

Rebhuhn
urk. reibako-s = gesprenkelt, gestreift und
ureuropäisch R-eper = Rebhuhn

Eule
ureuropäisch ulu = heulen

Nonnengans
Urk. novenja = Hungersnot, ir. noine, nuna Hungersnot

Nachtigall
urk. nokti = Nacht + calona = sprechen
Der Name läßt sich mit gleicher Wahrscheinlichkeit aus dem Althoch-

deutschen ableiten.

Drossel
Urk. trozdi = Star ergibt mhd. und nhd. Drossel

Goldammer
Gold von urk. kolto- = Nahrung
Ammer von urk. ammen = Hand
Ein Vogel, der Futter aus der Hand fraß, früher auch gemästet wurde, so wird berichtet.

Rauchschwalbe
Von vaskon. ukuilu = Stall, (das Anlaut-R scheint weggefallen zu sein), wohl eher eine Stallschwalbe, die es ja auch wirklich ist..

Mehlschwalbe
Schwalbe die kleine Insekten fängt, urkeltisch mil = kleines Tier

Heckenbraunelle
Von urk. brunno = ich springe, nelle = Kante, Ecke
Also ein Vogel, der in der Hecke von Ecke zu Ecke springt

Merkoff = Eichelhäher
Urkelt. mergja = Panier, Fahne, kova = Kampf, Schlacht
Also der Eichelhäher so bunt wie eine Kampffahne. Kann man daraus ableiten, welche Farben die Kampf-, die Kriegsfahne der Kelten, Indogermanen, Eburonen hatte, schwarz-weiß-blau?
Interessant, daß man schon zu dieser Zeit eine Kriegsfahne hatte. Die Römer hatten ihre Standarten, ihre Kriegsadler, warum die Eburonen nicht eine Kriegsfahne?.

Kohlmeise
Urkeltisch kolia = Keller, Magazin, Höhle, also Höhlenmeise
Nicht lautverschoben.

Hohltaube
Wohl ebenfalls von urkelt. kolia = Höhle, lautverschoben.

Kiebitz
Kiebitz aus cymr. guibit.

Brachvogel
urk. braka = Beinkleid, ags. brec = Steiß

Gans
urk. gansi- = Schwan

Brasse = groß, ein Fisch

Der **Lodenmantel**, Loden finden wir in urk. latro- = Beinkleid, cymr. llawdr (gespr. loder), = Hosen, corn. loder

Das **Spanferkel** geht zurück auf urk. spenio = Saugwarze. Also ein Ferkel, das noch gesäugt wird (und doch schon geschlachtet wird).

Leinpfad von urk. leino = Gefilde, Wiese, im lettischen und litauischen Tal, Niederung, niedrige Wiese. Pfad entlang von Flüssen, auf denen Pferde mit langen Tauen Schiffe stromaufwärts zogen. (Treidelwirtschaft)

Dörpel
urk. dvorestu = Tor, Tür und pel = urk. bal-s = Haus, Wohnung

Rübenkruen (zwischen den Rüben Erdreich durch Schuffeln lockern)
urk. kreu(p)enna = Rinde, Kruste; neucymr. grwn

döppen, gedobbt
Erbsen in einen Topf fallen lassen, Kartoffeln in einen Korb legen
urk. daba = Gefäß

Brattsch
Korb, Behältnis, in das etwas gesammelt wird
urk. bratto-s = Mantel, Tuch (?)
Wurde in die Schürze gesammelt?

Verballhornung
Von urk. bail = Haus und urk. orno-s = Zerstörung

Urk. mutso mit einem Anlaut-S = **Schmutz**

Mark (= Grenze)
Kelt. mrog, mrogi Grenze; Landgebiet, gall. Brog Brogi-maros, Allobroges, Brogi-tarus, Ir. mruig Mark, lat. margo, got. Marka = Grenze, Grenzgebiet. Ureuropäisch mugarri = Grenze.
Im Austausch treten im Sauerland häufig auf: Becke zu mecke (= Bach) wie brog zu mrog (= Grenzland, die Mark), daher fraglich, ob nicht auch in Burg (Schloss Burg) ein verkapptes brog, also ein Grenzort steckt.

Urkeltisch galo ich rufe, cymr. galw, bret. galu, goidel. calona kennen wir als **kallen** = sprechen, nicht nur als englisch "call". Schon ureurop. kalaka = Geschwätz

Urkeltisch = bard, brad findet sich wieder in **niederländisch praten** = sprechen.

Goldparmäne (sehr alte Apfelsorte) Gold = urk. kolto = Nahrung, urk. par = (p)er = Reif, Ring, (Streifen), mäne = ureurop = mal-ats = (n zu l)

stämmig, fruchtbar, tatsächlich ein Apfel mit roten Streifen und überreicher Tracht.

Die **Winterlinde** hat einen Namen, der unsinnig ist, sie wächst weder im Winter noch blüht sie dann. Aber einen Sinn erhält er, wenn man ihn urkeltisch liest, vindo = weiß, denn weiß ist die Unterseite des Battes.

Deutsch feilhalten, **feilschen, niederländisch Veiling**, findet sich im Urkeltischen als vegli = Nachtwache, Irisch/Goidelisch als feill = Fest, Messe, Markt, lat. vilis = wohlfeil, billig, wertlos. Auch Veilchendienstag, eigentlich ein Fest-Dienstag, nur in unserer Heimat.

In dem Ausdruck „de Firkes jonn **talpen**" (die Schweine/Ferkel laufen weg) steckt ein keltisches „talpno" = Raum finden. „Dat deet de Stalp nit ut" (das macht den Aufwand nicht wett) verwendet eine Form mit Anlaut-S.
Eine Ableitung aus dem Ureuropäischen geht von zalaparta = poltern, toben, lärmen aus. (z = t).

Das **Talkum** stammt anscheinend von urkeltisch talko = Mehl, Mahlkorn

Urk. voglo = harnen könnte zu gossensprachlich **vögeln** gehören.

Der **Schnür-senkel** ist urkeltischen Ursprungs, denn urk. segno = Schnur.

Das plattdeutsche Wort **Böllt** = altes baufälliges Haus bewahrt das urkeltische Wort für Haus, baljos und zwar in der irisch/goidelischen Form „baile", in Erinnerung. Das Wort noch gebräuchlich im keltischen Namen von Irlands Hauptstadt "Baile atha Cliath" (Dublin).

De **Lai**, auch Lei, ist urk. levink = Stein, wir bezeichnen Schiefer als Lai.

„Legt Euch in die **Riemen**" heißt es bei den Ruderern. Urkeltisch ramo ist das Ruder.

In der Redewendung „Laß man gut sein!" hat „**man**" einen Sinn von „nur, alleinig" und geht zurück auf urkeltisch manvo = alleinig.

Wespe ist urkeltisch vos < p >es, ein Zeichen, dass das Wort vorkeltisch mit P ins Deutsche überging.

Von kelt. sodja = Ruß abgeleitet ist das Wort „**versotten**", wie versottener Kamin

Wer kennt noch den studentischen Ausdruck „**Budenkamel**", ein zweiter Mann auf dem Studentenzimmer. Dahinter steckt das urkeltische kamula = Dienerin. Übrigens wird auch Bude aus dem Keltischen kommen, bot = Haus, Wohnung.

Geschrei, Gejauchze nannte man im urkeltischen, genauer im Cymrischen, „**bloedd**".

Mästen heißt eigentlich „schweinen", denn urkelt. mazd heißt schon Schwein.

Huddel von urk. soito-s = Magie, mcymr. hut, acorn. hudol

In Korschenbroich und Umgebung gibt es in der Feldflur aufgestellte Steine, Stelen, die wie Anbetungsstationen oder Prozessionsstationen aussehen, mit oder ohne ein Heiligenbild in einem Steinausschnitt, oft darin ein Bumenstrauß, genannt **Fußfall.**
Es gibt im keltischen eine Entsprechung in urkelt. valo = Wand, Mauer ir. fal = Zaun, Gehege und weiter urkelt. vosso = bleiben, ruhen, ir. foss = bleiben, ruhen, ir. Dat. Sing. fuss.
Somit könnte sich als Sinn des deutschen „Fußfalls" ein Gehege, ein Stein, an dem man zur Ruhe kommt, ergeben, vielleicht unter christli-

chem Einfluß ein Ort der Heiligenverehrung, um eine vorchristliche Gottesverehrung zu ersetzen.

Fußfall im Pescher Feld

Hagelkreuz
Ein Hagelkreuz gab es in vielen Ortschaften.
Von urk. aku(lena)= scharf, spitz, ncymr. hogal = dornig, sollte es ein Kreuz mit Kruzifix und Dornenkrone gewesen sein? Es ist so.

Hagelkreuz in Kleinenbroich

Das hier dargestellte Hagelkreuz ist 1705 errichtet und wohl auch hergestellt, aber es scheint, daß es nach einem älteren Vorbild gefertigt ist. Diese Art des Kreuzes scheint eine Kombination von keltisch-heidnischem Fußfall und christlichem Kreuz zu sein, das Kreuz auf einen bestehenden Fußfall aufgesetzt. Der untere Teil entspricht genau einem Fußfall, mit der Nische für eine Figur oder ein Bild oder einen Blumenstrauß, oben das Dach des Fußfalls spitz oder gewölbt.

In gleicher Weise gehört der Ausdruck „Bildstock" oder **„Bilderstöckchen"** zu dieser Form keltischer Religiösität. Bilderstöckchen = "bail der stoukki" = Haus Gottes mit Zinne.

Ameise, im Korschenbroicher Platt Seekoes, coes ist keltisch und heißt cymr. eigentlich „Hüfte, am Hintern ", von urk. koksa = Hüfte. See kann von der cymr. Form von urk. „skver" = stechen kommen, die aber nicht überliefert ist. Sie könnte abgeschliffen seek geheißen haben. (Obwohl eine Ameise nicht sticht, wie wir wissen, aber die Eburonen?)

In Korschenbroich ist (noch) ein Ausdruck geläufig, wie „Nellessens **Erb**", Erb als Ausdruck unter Landwirten, heißt nicht Erbe, sondern kommt aus dem Urkeltischen „ervo-" = Acker, cymr. erw, corn. erw. Man beachte die nahe Verwandtschaft zum Cymrischen, auf die wir noch später zurückkommen werden.

Wer kennt ein **Schwad-mul**? Eine Plaudertasche. Aber Schwad ist keltischen Ursprungs, aus sqetlo-n = Erzählung, Nachricht. Ir. scel, cymr. chwedl. Vgl. auch ahd. quidan = sprechen

Plappern heißt keltisch plabro, als eines von mehreren der keltischen Wörter für sprechen.
Eine andere Form aus derselben Wurzel ist **Palaver.**

Ein **Schwip-schwager** ist kein richtiger Schwager, chwith- = links, = nicht richtig, nicht rechts.

Es gibt die Redewendung „**Altes Haus**" für einen Menschen; sollte das nicht zusammenhängen mit urk. aivestu-s Alter, Zeitalter, corn. huis = alt?

Kribben, die steinernen Ausläufer in einen Fluß hinein, bilden einen Kamm gegen die Strömung, kelt. cymr. crip, crib = Kamm

Ein **Duckmäuser** sollte noch bekannt sein. Einer, der sich lieber wegduckt, als sich auseinanderzusetzen, so meint man. Aber es ist duck keltisch = Wesen, Geschöpf das sanft ist, moiti = sanft, zu mäuser entstellt.

Von urk. vroiko-s = Heide, Heidekraut ir. froech, Gen. froich, ist abgeleitet > **Broich.**

Wir dürfen auch vorgermanischen Ursprung vermuten, wenn es sich um Wörter des häuslichen und landwirtschaftlichen Lebens handelt und wir keinerlei offensichtlichen Bezug zu deutschen/germanischen Wurzeln finden.

Karren	= keltisch karso-s = Karren, gallisch carros, ureurop. orga = Karren
Kalle	= Rinne, Abzugsgraben, von urk. kalluako-s = Ausfluß
Berm	= Außenlagerung, vermutlich auch ureurop. = „Vorrat, Gewähr"
Beu	= Ernte
Fohr	= Ofenrohrschieber, (als Grenze zum offenem Feuer)
Mott	= Morast
Pölle	= junges Huhn
Schmeck	= Peitsche (vgl. auch lat. micare = hin und her zucken, urverwandt)
Schroom	= eingeritzte Grenze, vermutlich von urk. kerbo = scheiden,
Sooth	= schlammige Brühe, Morast von urk. utso = Wasser, S-utso
Speng	= Abstellraum
Werkelängter	= alte Birnensorte

Wir können uns das Gebiet des nordwestlichen Europas sprachlich so vorstellen, dass vielleicht mehrere Stammesdialekte, die vom echten Keltischen in Teilen erheblich abwichen und heute als belgisch bezeichnet werden müssen, gesprochen wurden und die, wenn auch zeitlich gleich mit Germanisch und Keltisch gesprochen, so doch in der Entwicklung zurückgeblieben waren und ältere Sprachstände bewahrten. Anders läßt sich der verschiedene Wortschatz im Namenbestand kaum erklären.

Ob die zuletzt genannten mundartlich überlieferten Wörter eine urkeltische oder eine ureuropäische Wurzel haben, kann in einigen Fällen, (Beu, Werkelengter, Schroom), (noch) nicht entschieden werden.

Schließlich scheint das Indogermanische der Eburonen einen Einfluß auf die örtliche Mundart genommen zu haben, denn der Lautstand bei Wörten mit a/o entspricht im Korschenbroicher Platt dem Indogermanischen, allerdings nicht mit kurzem o, sondern mit einem breit gesprochenen offenem „oo".

Schlade würde entsprechend „Schloot" heißen,
Straße würde stroot heißen.
Recht   würde rait heißen,
Licht   würde lait heißen,
Die Fülle der Wörter mit a und mit o, die Bevorzugung der K und P im Anlaut, sind typisch für den Korschenbroicher Wortschatz (und für das Vorkeltische/Spätwestindogermanische).

In H. Köhnens "Unges Platt" sind viele Wörter aufgeführt, die des Indogermanischen „verdächtig" sind. In vielen Fällen wird man eine ältere Sprachschicht unterstellen dürfen.

E2. Der Einfluß des Ureuropäischen

Eine sehr bekannte Redewendung, die einen vorgermanischen Hintergrund hat, ist wohl der Ausdruck „ in Dreck und Speck". In **„Dreck"** drückt sich nasser Schmutz aus, von einem ureurop. Wort digeri = verdauen, d.h. Kot, das Wort hat eine Konsonantenumkehrung erfahren, von digeri zu diregi, in **„Speck"** ein Tümpel, von ureurop. padura = Morast, Sumpf, abgewandelt zu pag-, peg durch ureurop. Lautvertretung d zu g mit S-Anlaut zu Speck.

Wir werden aufmerksam, wenn wir im Korschenbroicher Platt einen **„Hoppelängter"** finden, wir glauben in Hoppel Hopp-broich zu erkennen, und -engter kennen wir auch. Aber es ist jemand, der zu einem ureurop. aintzira = Teich, Weiher (engter) hoppelt, einen Frosch.

Oder **„Hüllengter"**, Hüll von ureurop. sor = sor-ginkilo = Binse, sor = sol = holl, hüll sowie engt-er von ureurop. int-susa, int = ingt: der Holunder, eigentlich Holingter. Der Holunder wächst tatsächlich gern im feuchten Bruchgebiet.
Dies beweist, dass die Endsilbe –ter nichts zu tun hat mit der germanischen Endung –ter, die Baum bedeutet, also nicht -ter wie im Englischen tree.

Rauchhuhn ist ureuropäischer Herkunft; sie ist eine Abgabe, die sich die Herrschaft auswählen konnte, von auk-eraketa = r-auk-... = Auswahl; ebenso die sogenannte **Bede**, auch **Grafenbede**, geht auf ureuropäisch bete = einen Wunsch erfüllen, ein Gesetz befolgen, einen Auftrag erledigen zurück.

Unser so schönes Wort **"lecker"** hat ureuropäische Wurzeln, denn leka = Schleim, Geifer, (im Mund zusammengelaufenes Wassser)

Das alte Wort "Stroß" für Kehle, Hals (engl. throut) hat seine Herkunft in ureurop. eztarri.
(z zu s, t = t, r = r, r zu z).

Wer kennt noch das Abzählspiel, die Entscheidungsregel **um - par**, meist von Kindern ausgeübt, ureurop. **hunki** = ergreifen, treffen und ureurop. **parr** = unentschieden

Das Wort **Busserl** hängt mit Bützchen und **schmusen** zusammen, ureurop. mus-u = Kuss, m und b sind austauschbar, und ergibt mit einem Anlaut-S unser bekanntes schmusen. Urk. bussu = Mund, Lippe

Der Name **Schmetterling** rührt von ureurop. tximeleta her.

Gackern kommt von ureurop. kakara, daraus ist auch **Häher, Eichelhäher** nach germanischer Lautverschiebung entstanden.

Ureurop. noiz = wann, noiz-bait = irgendwann, noizbehinka = manchmal, noiznahi = jederzeit
entsprechen **niederländisch nooit** = niemals, nie.
Ureurop. Z wahrscheinlich früher wie T ausgesprochen.

Ebenfalls ureurop. elkar = gegenseitig, einander ist **niederländisch elkaar** = gegenseitig, einander

Tippel-Schritte sind kleine Schritte, ureurop. ttipi = klein, tipi - tapa = mit kleinen Schritten.

Im ureuropäischen heißt Eber = ordots. Das ist nach den Regeln der Lautverschiebung und Konsonantenumkehrung = **Brocht**

ureurop. buz = Lehm, Ton zum Bauen von Häusern, mit P im Anlaut ergibt sich **Putz,** putzen im Sinne von **verputzen** beim Bauen.

Andere Ausdrücke aus ureuropäischer Zeit:

turuta	= Fanfare, Trompete; > **Tröte**
txilipurdi	= **Purzelbaum**
zirri egin	= schmusen; **bezirzen**
narritari	= **Narr, Spaßmacher**
toto	= Hund; (t zu k) ergibt koto = **Köter**
mispira	= **Mispel**
kokolo	= doof, unsinniges; > im platt "**kokolores**"
beltze	= schwarz; Scharzer Mann = **Beltze-Bub**,
kinkila	= Kurzwaren, litxar = naschhaft; "**Kinkerlitzchen**"
luz	= verzögern, aufschieben; = **abluchsen?**
hos-gabe (tu)	= den Schall dämmen; = **hösch**

Wer kennt doch noch den Ausdruck "**Pute**" für kleine Kinder, ureuropäisch putiko = Bengel; "**Put**"
sabel-zorri = Heißhunger; mhd. "seifel" = Speichel, Geifer
platt "**Säver**", "**Sabbel**"

bala	= Kugel; "**Ball**"
tun-tun	= bask. Trommel > "**Gedöns**"
matx-inada	= Aufstand; > "**Metzchen**"
kilika	= Reiz, Kitzel; > **Kille-Kille**
alafede	= in der Tat; > **Alaaf**, "Tusch"
buruzut	= hochnäsig; > Hans "**Wurst**"
koi-pekeria	= Schmeichelei; > "**Koi**", "red nicht so 'nen Koi"
bis-ka	= Vogelleim; > **fies**
kosk egin	= beißen; > **Köschken**
kolpe	= Schlag, Stoß, Streich; > **kloppen**
kurruspa	= Knörpel; > "**Knös**", "**Knusper-Knäuschen**"
kondo	= Stummel (d = b); "**Knubbel**"
belus	= Samt; "**Flausen**" im Kopf
pir-agua	= Paddelboot und end-aitz = (Steuer)-Ruder > "**S-pirentzchen**", mit Anlaut-S
murrizketa	= Einschränkung; "**Murks**"

boron-datezko	= Freiwilliger; > Aschen-"**brödel**"
uz-kur	= verzagen, einschüchtern; > Aschen-"**puttel**" + Anlaut-P
koloka	= brütend; > "**Glucke**"
kitzi-katu	= reizen, schüren, **kitzeln**
mitxina	= **Miezekatze; "kleine Miez"**
pipita	= kleine Erkältung; **Pips**
pipa	= (Tabaks)-Pfeife; "**Piep**"
hoben	= Fehler, Schuld, Sünde; "**kühmen**", "**köhmen**", h zu k, b zu m.
klick	= **Schluck;** i zu u, + Anlaut-S
mun-tagabe	= belang-los und pixka = ein bisschen; > **Mumpitz**
lab-ur	= kurz und bid-e = Weg, > **Schlawittchen**
bil-au	= Luder, Schuft, gemein, niederträchtig, lit-s = Franse; bil-lit > **Flittchen**
lit-s	= Franse; > **Flitter**
gib-el	= Argwohn, Hintergedanke, bip = kahl; > **auf'm Kiwief**
hon-da	= stranden, bog = rudern; > **Humbug**
moz-olo	= Steinkauz; > **Mösch** (Sperling), mit Bedeutungswandel
moztu, motz	= kürzen, abschneiden; **motzig, motzen,** "Rede abschneiden"
buk-aera	= Ende; orron = umherirren, **Bockshorn** jemanden ins Bockshorn jagen,
am-ai	= Ende; „**R-am-sch**", R im Baskischen weggefallen, das was z.B. am Ende verkauft wird
txepel	= lau, kleinmütig; im Sinne von etwas abgewertetem, insofern Bedeutungswandel, > „**Stief**"mutter
ber-akatze	= Knoblauch; > „**Bär**"lauch
apal-etsi	= demütigen; „**veräppeln**"
ipurdi	= Hintern, Hinterteil; und ban-da = Fahrtrichtung; > **Purzel-baum**
gako	= Schlüssel; und era-gotz = hindern, stören; era-kuntza = Irrtum, Fehler; > **gackeiern, vergackeiern**; zu dieser Entstellung wird das Wort errun = Eier legen beigetra-

gen haben zusammen mit gackern.

bez-alaxe = genau so wie; und ber-a = ebender; oder ber-din izan = auf dasselbe hinauskommen; > **fürbaß,** ber > für und bez > baß; auch im Sinne von mit etwas vorliebnehmen, etwas neues für gleich halten, auf dasselbe hinauskommen

berrar-tu = zurückerobern; im Sinne von „sich gegen meine Interesssen wendend"; > einen **Bärendienst** erweisen

und folgende Worte aus der Vulgärsprache:

goi-tika	= sich erbrechen; > **göbeln**
sesio	= Stunk; > **Scheiße**
kaka	= Kot; > **Kacke**
(R) otz-al	= brünstig, läufig; > **Rotz**
kutsu	= Makel, Nachgeschmack; > **kotzen**
puzker	= **Furz**
pitilin	= Pimmel; **Piesel**
pixa	= **Piss,** Harn

E3. Versteckte keltische Wörter in formal deutschen Texten

Wenn man alte Texte mit Bezug auf Korschenbroich aus früheren Jahrhunderten durchsieht, findet man immer wieder Wörter, die auf urkeltische/indogermanische Wurzeln zurückgehen.

Hier hat sich besonders Dr. Jakob Bremer verdient gemacht, der in der ersten Hälfte des zwanzigsten Jahrhunderts seine heimatbezogenen Geschichtsbücher „Liedberg", „Millendonk" und „Dyk" veröffentlichte.

Diesen Werken von Bremer folgten die von Hubert Köhnen und von Prof. Dr. Hans Georg Kirchhoff, drei Forschern, auf deren Beschreibungen und Ergebnisse wir in dieser Schrift wesentlich aufbauen.

Wenn auch Bremer mit seinen Deutungen nicht immer richtig lag, so hat er uns doch eine große Zahl von mundartlichen Ausdrücken so richtig überliefert, daß wir deren Kern als urkeltisch erkennen konnten.
Die folgenden Zitate und Auszüge stammen vorwiegend aus den Werken „Millendonk" und „Liedberg" von J. Bremer. Hinzugesetzt sind Verweise auf Stokes „Urkeltischer Sprachschatz" und das Jahr, aus dem Bremer zitiert.
Manche Wörter sind den Aufzeichnungen von Köhnen entnommen, dann aber so gekennzeichnet.

1811
Zitat Bremer, Millendonk S. 81: Über den Vrog-gang, landvrog, von urk. vroiko-s = Heidekraut, Heide, ir. froech, cymr. grug (Stokes, S. 287), also Grenzbegehung als Heidegang.
Köhnen nennt ihn **„Fröggang"**. „Über den Fröggang wurde ein Protokoll angefertigt, das beim Hochgeding, der Versammlung aller Familienhäupter des Dingstuhls, verlesen wurde." (Köhnen, Kleinenbroich, S. 48), also wie ir. froech?

Eine andere Deutung geht von ureurop. froga = Beweis aus, so etwa wie Beweisaufnahme zum Grenzverlauf, was plausibler scheint.

1788:
Zitat Bremer, Millendonk, S. 47 : „Der Branntweinkessel rechnete zu den **gereiden** Gütern (Mobilien)." Entsprechend ungereiden.
gereiden = urk. reidi-s = befahrbar, frei, ir. reid, acymr. = ruid (Stokes, S. 229) = urk. reido- = Fahren, Reiten, cymr. gorwydd, Mobilie

1755
Zitat Bremer, Millendonk, S. 187: Über eine Honschaftsversammlung heißt es: "Weil man im Kreise zusammensaß, hießen diese Besprechungen „**ringe inde gedinge**"".
urk. reiko = ich zerreiße, cymr. rhwygo = schelten, zerrütten, zugrunde richten (Stokes S. 228); = kritisch diskutieren
Gedinge = urk. din- = Tag, ir. denus (Stokes S. 145), d.h. richten, Ting. aber auch ureuropäisch dino = sagen (Schuchard, Baskisch und Hamitisch, 1913, Paris, S. 334)

1740
Zitat Bremer, Millendonk, S. 411: „Über 100 Kranke stehen in größter Gefahr. Es ist ein **dollendes,** hitzig oder Fleckenfieber."
Urkeltisch dula = Blatt, ir. duillen, vgl. ähnlich Blattern

1725
Zitat Bremer, Millendonk, S. 46: 1725 verpachtete St. Quirin den Hof auf 12 Jahre mit der Möglichkeit, nach 6 Jahren zu kündigen, für 25 Ml. Korn und 25 Ml. Hafer **markgebiger** Früchte auf Martin, 2 Schweine im Werte von je 12 Rt. auf Remigius. Hatte der Pächter zu diesem Termin kein entsprechendes Schwein, so mußte er 2 Rt. mehr für jedes Tier entrichten. An **trocknem** Weinkauf gab er 25 Rt., trug die Kriegslasten halb, von Kontributionen 26 Rt. Alles übrige, auch Steuer und Schützengeld, zahlte das Kapitel.

Der Pächter leistete Pferd- und Karrendienste, hielt Hof und Gebäude in gutem **Notbau**, die Ländereien wie landesüblich in guter **Besserung** und in richtigen **Fuhren** (Grenzen), durfte nichts verpfänden oder verkommen lassen. …..Der Hof hatte außerdem noch zu liefern ein **Faselschwein**, auch Kurferken genannt, so einen Winter gefressen hat, mit 3 Rt. weniger 2 ½ A. berechnet, ferner ein Huhn, und zwar abwechselnd ein Jahr an das Kloster Neuwerk, das andere Jahr an Meuter, wegen des Halmaier Zehnten……Der derzeitige Erbpächter (1752, 1775), Bürgermeister Pell von Neuß, hatte am 15.5.1762 an Sonderlasten zu begleichen je 50 **Bord** zum **Gesteiger** an die Kirche, an Haus Millendonk und an das Zollhaus, 100 Bord an die Küsterei und verschiedene **Reis Leien**.

markgebiger Früchte	= sollte wohl heißen „und m. Fr."
markgebige Früchte	= mag-gebige Früchte, kelt. mag = Feld, also Feldfrüchte
trockener Weinkauf	= trocken von urk. trougos = elend, unglücklich, ir. truag, cymr. tru, corn. troc im Sinne von mühselig, unglücklich, d.h. der Weinkauf mißlang
Notbau	= not = Schutz von urk. snado = ich schütze, cymr. nawdd = Schutz, abret. nod
Besserung	= von urk. beti- = Weg
Fuhren	= von urk. wer = umschließen, Grenzen
Faselschwein	= von urk. vessi-s = einjähriges Schwein, ir. feis, corn. guis
Bord	= von urk. bargo = Tische voll Kuchen?, Brot? (Umsetzung von g zu d)
Gesteiger	= von urkelt. stagro?? = Wasser, Fluß würde dazu passen, aber wir wissen nicht (mehr), daß dort ein Gewässer war
Reis	= von urk. reida = Fahrzeug
Leien	= von urk. latrek = Stein, Schiefer

1711
Zitat Bremer, Millendonk, S. 37:
An Pacht zahlten sie die Zinsen von 400 Ta. Bei **Dam** Hallen, von 200 Ta. auf Niever, ¾ Ta. an den Esser in Gladbach, ferner die schwere Fuhre mit 5 Rt., 1 ½ Erbpachthühner, 1 Rauchhuhn und 3 V. Hafer nach Millendonk, deckten außerdem jährlich 200 Schouf auf das Erbe.
Schouf = ?Schanzen? von urk. skabno- = Terrasse (Reisighaufen)
Dam von urk. tembi (aus to-mbi) = Präfixverbindung

1650
Zitat Bremer, Millendonk, S. 58:
.....und **Dam** Kraus mit 1 Ml. Hafer.
Dam von urk. tembi (aus to-mbi) = Präfixverbindung, ir. timm, cymr. dam, corn. dom (Stokes, S. 132)

1676
Zitat Bremer, Millendonk, S. 572
"zwei Vorsteher ...**Dam** Hoff"
Dam von urk. tembi (aus to-mbi) = Präfixverbindung

1548
Zitat Bremer, Millendonk, S. 52:
„1548, Montag nach Invocabit (1. Sonntag in der Fastenzeit) hat Meister Rembold Hellenbroich von Dietrich zu Millendonk im Beisein Alberts von Aller als Statthalter, Heinrich von Vellrath genannt Meuter und Giel in der Mühle als Mannen von Lehen, zu Lehen empfangen den Hof Zu Gaten mit seinen alligen **Geheuchtern**, Gräben, Garten, Baumgarten binnen seines Erbes Zäunen gelegen 52 M., ferner 15 M. Busch und Broich in einem Stück bei dem Hof, weiter eine **Gewalt** (Anteil) auf dem Büttgerwald im **Eschet** und im **schmalen Hauer**, einer eigenen sonderlichen Jurisdiktion und Richtern, die **Heiden** (das sind 4 Scheffen) genannt, binnen dem Dorfe von Willich bei unser Lieben Frauen Altar,

ferner Zinsen, Pächte, Kurmude, **Leibesgewinn** mit aller **Gerechtigkeit**,......

alligen	= urk. alaljo-s = anderer (Stokes, S. 22)
Geheuchtern	= urk. seg = säen cymr. hau, heuodd = Abkömmlinge, Anbauten, "-Geheu" als Zusatz zu manchen Ortsnamen im Mittelgebirge
Gewalt	= urk. vaili-s = niedrig, cymr. gwael = „gewalt" = Anteil an Boden, Grund
Eschet	= kelt. esk = Wasser, könnte auch eine Tränke sein, et = chet = coit = Wald
schmalen	= urk. smalo- = Staub, Schmutz
Hauer	= s.o. wie bei Geheuchtern = Saatfeld, auch auf Jungwald bezogen

Die Heiden (d.s. 4 Scheffen), entstellt aus **Heien** = Älteste von urk. Seno-s = alt, Heiden ursprünglich als Nicht-Germanen empfunden

Leibgewinn	= urk. letos Seite, halb, ir. Dat. leith, in Wirklichkeit = Halbgewinn
Gerechtigkeit	= urk. rektu- = Recht, cymr. rhaith, mit allen Rechten

1546
Zitat Bremer, Millendonk, S. 186:
"Vor den Tagungen der Hoch-, Land-, Herrn- oder Vogtgedingen besichtigte man die Grenzen, Wege, Zäune (**Freden, Frehn**), Falder, Wasserläufe, Brücken und Stege, überhaupt alles, was für die Allgemeinheit Bedeutung hatte.
So heißt es in einem Besichtigungsprotokoll:
Am Tage nach Sakramentstag 1546 im Neersbroich die Freden besichtigt. Pilgrim Zelis, Tönis Tabben, Jakob Reinfeld, Hecker Halfe, **mallich** (hat Anrecht auf) ein Loch (zum Wasserschöpfen am Neersbroicher Graben), Pangs (Pankratius) Scholten 2 Löcher und Overfaydt (Überfahrt) Hermann Lofs, Johann Vennen, Johann Ketelbüter, **mallich** ein

Loch, Hermann Triermann, Tönis Jakobs (Jaköbkes) 2 Löcher, Gerrit zu Paß, Hennes Kaiser, Heinrich im Busch **mallich** ein Loch."

Freden = urk. vragi- = Hürde, ir. fraig = Wand, skr. vraja = Hürde, Stall (Stokes, S. 287)

mallich = urk. maglo-s = Vornehmer, ir. mal, cymr. mail (Stokes, S. 198), hat Anrecht auf...

(Over-)faydt = Dichter, urk. vatis = Dichter, Prophet, müßte vielleicht heißen: Dichter Hermann Lofs (Stokes S. 261)

1545
Zitat Bremer, Millendonk S. 46:
„1545 ist **Kön Houffz** auf dem Hofe".
Dieser Name scheint rein keltisch zu sein.

1539
Zitat Bremer, Millendonk, S. 80:
"Am 15. 9. 1539 noch heißt es in der Gadbacher Grenzbeschreibung: So ist ein Platz bei **Lievendal** und ist geheischen auf den **Nettelen Damme**. Dar sall man setzen einen dreistempeligen Stuhl in die Neersen, der sall rachen (reichen) dreier Herren Land, nämlich unsers gnädigen Herrn Erd, des Herrn von Rheydt und des Herrn zu Millendonk.
Die Niers soll die Fohr sein. Der Thorn (Turm) zu Millendonk steht auf 2 1/2 F. auf der Jülicher Erde.....Die Niers sall ghan zu Millendonk durch dat **han** und tho wetter (zu weiter) durch den **bröll**"

liv-r = Wasserwort, und
dal = Landgut
nettelen Damme = Flußdamm, von ureurop. (n)adar + cymr. damm-sang = Trampelpfad am Fluß
han = h-an = Sumpf
bröll = enthalten das gallische Sumpfwort brogilus, mhd. brüel, sumpfige Wiesen

1519
Zitat Bremer, Millendonk, S. 78
Der älteste Bericht eines Millendonker Limitenganges stammt aus dem Jahre 1500.
Am 24. Mai 1519 berieten die Scheffen mit den übrigen Einwohnern der Honschaft und gaben unter Eid Antwort: „Der Ort an gen Pael am Büttgerwald scheidet dreier Herren Land, das Erzstift Köln (Liedberg), Gladbach und die Herrlichkeit Millendonk. Von da geht der Vurpael und Reynung zwischen Millendonk und Köln (1500 an den nien Graff) bis auf den Waldgraben, auf der anderen Seite der Triet bis auf die Benden nächst dem Büttger Wald, dann auf den Hulder (1500 Holler), auf den Meisendall, in Hasselers Scheuer (1742 sog. Püllen), da der „blawer" Stein liegt, dann an das Ort van der Baetzheggen (1500 Bannerstraß) (1742 auf den Mistelstrauch an der Kleinenbroicher Fahrstraß) zum Pescher Heiligenhäuschen, Kehrehof (1742 wo der Pescher Pranger steht), dann durch die Kehrstraß, das Hoppbruch, wo nächst dem Dycker Holzbroich ein Stein liegt, der dreier Herren Botmäßigkeit scheidet, Amt Liedberg, Herrlichkeit Horst und Millendonk, Brandkaul und Eiffelers-, (früher) geheißen Leppershöfe, auf den Schlagbaum an der Hamai, die alte Landwehr (fehlt 1500), Hexen (1500 Hoppen) hegge genannt, auf die alte Niers (fehlt 1500) an Wilhelm in gen Oeven Hof, die Egels Bach (1500 Honselers) bis an die Niers (1500 zum halben Strom = Flußmitte).

Es folgen nun die Erklärungen zum oben dargestellten Grenzbegehungsbericht.

Gen Pael = auch Pohl geschrieben, ist identisch mit Pfahl Heister, man beachte das Gen

Vurpal = Grenz – sumpf

Reynung = von urk. roino- Hügel, ahd, mhd
Rain = begrenzende Bodenerhöhung

Nien Graff = urk. nembi = Tropfen, ir. nimb,

	graf urk. gravo = Sand, Kies, Deutung unsicher,
Holler	= hol oder Hulder, von soll = holl, als Ganzes erhaltene Flur, ungeteilt
Bannerstraß	= ban straß, Variante zu ben strat, strut, = Sumpf + nasses Gehölz
Fahrstraß	= fer, far, ver, straß = nasses Gehölz
Heiligenhäuschen	= urk. saliks = Weide, ncymr. helygen, hus = alt = alte Weiden
Eiffelers	= urk. e(p)eros = der hintere
Gen Oeven	= urk. (p)oveno- = Schaum, man beachte das Gen
Kehrstraß	= ker, kir, kar, kor, kur, strat strut = sumpfiges, stinkendes Gehölz, von ureurop. gar-rote = kehr > Knüppel, wie Knüppeldamm
Brandkaul	= brand von urk. bragno-s = stinkend, cymr. braen = moderig, cul, kaul von urk. kolia = Keller, also vermutlich ein stinkendes Loch
Hexenhegge	= hech heg, hesc = Binsen
Egelsbach	= egel aus urk. (p)eku- = Vieh
Nettelen Damme	= net ureurop. (n)adar = "Nebenfluß",
Damm	= von cymr. dam-sang = treten, trampeln, sang = Weg, entspricht „Trampelpfad"
Die Fohr	= vur = Grenze

1519
Zitate Bremer, Millendonk, S. 408
„Das heutige Herzbroich, früher nur Hexbroich genannt, galt als Sammelort der heidnischen Bevölkerung und heidnischen Spukes.
Den Heierhof sollen Heinzelmännchen gebaut und lange bewohnt, den späteren Hofbesitzern oft wunderbar geholfen haben.
In der Ruhren habe ein alter Rittersitz gestanden, dessen Bewohner als verstockte Heiden das Christentum verfolgten."
Das zeugt von dem in Resten Weiterbestehen der alten indogermanischen oder ureuropäischen Religion.

1421
Zitat Bremer, Millendonk, S. 76:
„schatte inde deynste"
schatte von urkeltisch skotto-s = Herrscher, Besitzer (Stokes, 310)
deynste von urk. dengo = bedrücken, beschweren (Stokes, 146)
Soll wahrscheinlich heißen, Zahlungen an den Herrscher, = Steuern, und Dienste, die in der Regel als bedrückend empfunden wurden.

1393
Zitat Bremer, Millendonk, S. 43:
Niever heißt am 21.1.1393 ein „dinklich Hof und eine Solstatt", wo St. Gereons Lehnleute „zo gedinge und zo geringe" (zum Gericht und zur Beratung) zusammenkamen. Der Inhaber des Hofes, Tilgin Neve (und seine Tochter Nesgin Neve) führte ein eigenes Siegel.

Die Namen Tilgin und Nesgin sind höchstwahrscheinlich aus der alten eburonischen Sprache übernommen. –gin von urk. geno-, genio, cymr. geni = Geburt, air. ingen, s. auch eni-gena Tochter, Mädchen, da n und l sich oft vertreten, also gleichwertig sind, entspricht Eni-gena dem deutschen Mädchennamen Elgin. Daneben urk. a(p)o-gno-s = Abkömmling, Kind, Diminutivendung -ain, cymr. -an, yn, sie entspricht genau der ureurop. Diminutivendung -ina, gleichwertig mit -ila. (Stokes, Urk. Sprachschatz, S. 111)

Sonstige Erklärungen:
Schießrute = urk. skvijat- = Hagedorn, Dornbusch, ir. sce; rute von urk. roudo-s = rot. Also Rotdorn.-

Grafenbede von urk. bato = ich erkläre, andere Deutung von ureurop. bete = erfüllen, einen Wunsch erfüllen, ein Gesetz befolgen, Auftrag erledigen

Solstatt von urk. sollo-s = vollständig, also ungeteilter Landbesitz

Auf der Mayschen = urk. magus = Ebene, Feld, cymr. maes = Feld
Salhof = Solhof? = Solstatt, darf nicht geteilt werden, sol urk. sollo-s = vollständig, abret. solt, cymr. holt = königliche Domäne, Lehen

Zitate Bremer, Millendonk:
S. 70:   Morgen **Artland** (Acker), von urk. arto-s = Stein, also steiniger Acker (Stokes S. 18)

S. 53: **Mattelbruderland** = kelt. mathir = Mutter; Bruder = kelt. brater, cymr. brawd = Bruder, corn. broder = Land des Onkels.
In den nordafrikanischen alten Völkern und Sprachen spielten die Mutter-Brüder eine besondere Rolle und deuten auf eine alte matriarchaliche Ordnung hin. Es scheint, daß sich der Begriff seit der ureurop. Zeit hinübergerettet hat in unsere Zeit, aber in der cymr. Sprache. Eine Bestätigung der nordafrikanischen Herkunft?

S. 26: **Fettmenger** = vet, vetos = Jahr (Stokes 268), menger = mendo-s = Zicke, kleine Ziege (Stokes S. 211), also ein unter einjähriges Zicklein

S. 73: **Besserei** = Wegeinstandhaltung, von urk. beti- = Weg (Stokes S. 160)

S. 73: **Stein** Flachs = snatio = Faden, cymr. y-snoden mit Konsonantenumstellung (Stokes, 316)

S. 161: **Pletsch-, Pletschmühle"**
Pletsch kommt von urkeltisch (p)lsso-s = ein mit einem ringsumlaufenden Erdwall (oder Graben) befestigter Wohnplatz. Der Name zeigt ein hohes Alter und ist typisch für unsere Gegend, vorkeltisch-indo-germanisch, da das anlautende „P" im Gegensatz zum jüngeren Keltisch, (irisch = less, cymr. = llys), noch erhalten geblieben ist.

S. 170: Ein **Anker** Bier, Anker = urk. agina = Topf, Pfanne, ir. aigen = Pfanne, Schüssel (Stokes, 7), Erinnert sei an die Korschenbroicher Gaststätte „Zum Anker"

S. 225: **Rüschenstechen** = urk. rou = graben, ir. ruam = Spaten, Grabscheit, vgl. Name Ruckes (Stokes S. 234)

S. 224: **Schanzen** = urk. skabno = Terrasse, aber cymr. ysgafn = aufgeschichteter Haufen, Menge, Masse (Stokes, 308)

S. 67: **Latzen** = urk. lati- = Flüssigkeit, ir. laith = Bier, wahrscheinlich ist ein Biermaß damit gemeint (Stokes S. 238)

S. 287: **Fleugels**-graben, urkeltisch volko, volkio = ich befeuchte, wasche (Stokes, S. 285)

S. 229+61: **Schweid**gang = urk. Veido-s = wild, cymr. gwydd (Stokes, 265) = Jagdgang

S. 227: **Mark**gemeinde = mag = kelt. Feld, urk. magos- Feld (Stokes S. 198)

S. 194: **Koilpesch** (Altenpesch) = urk. kaullio = Pfahl, ir. cuaille Pfahl (Stokes, 66)

S. 179: **Botschaften** = buta = Haus, ir. both, cymr. bod = Haus, Wohnung, (Stokes S. 179) skabno = Terrasse, aufgeschichteter Haufen (Stokes, 308)

S. 184: „Wider altes Herkommen habe man die Erde, die man aus den Weihern ausgeworfen und weggefahren habe, wieder aufladen und zur Komm schaffen müssen."
Komm = urk. kumba = Tal, cymr. cwmm (gespr. komm) =Tal

S. 132: **Brüchten** von urk. burto-s = Urteil (Stokes S. 168)

S. 132: **Kax** = Pranger von urk. kapto-s = gefangen, ir. cacht, cymr. caeth. (Stokes S. 65)

S. 135: **Gottesheller** von kados, cymr. cawdd (gesprochen kaodd) = Zorn, Unwille, Anstoß, Kränkung, Beleidigung (Stokes S. 68)

S. 338: **Dösen Fußfall**, von urk. desos = Gott, ir. dess, deus (Stokes S. 151)

S. 339 Der Hoppegartenweiher, z.T. **ausgemuttet** = Mott , urk. mutso, = Schmutz, Moder, Teichaushub

S. 339 **Hubbelkar** = Weiher in der Ruhren, von urk.. su- = gut, wohl > cymr. hy-wel = in die Augen fallend, (Stokes S. 304), kar = urkeltisch korajat- = Fischkorb, Wehr, Gestell, ir. cora, acymr. coret, ncymr. cored = Weiher, abret. coret = Schleuse (Stokes S. 90)

S. 338 **Lurjäger** „Auf das andere Haus wohnt ein Lurjäger und dazwischen noch einer", urk. lorgos = Spur, cymr. llyr (Stokes S. 256) (Wilddiebe, die Spuren der Tiere aufsuchten?)

S. 338 **Renngraben** urk. reino-s = Strömung, cymr. ??? (Stokes S. 227) oder von urk. regnt- = Herr, Regent, cymr. = rhen

S. 382 "An einem drehbaren Balken war ein sägeartig gezähntes Eisen befestigt, das nach der heidnischen Göttin Heel, der Beschirmerin des häuslichen Herdes, Heel oder Hael hieß(?) und durch einen auf- und abschiebbaren Sperrhaken den Kochtopf über dem Feuer hielt."
Hael von urk. sagedla = Handhabe, Griff, cymr. haeddel (cymr. S > H)

S. 393 „Auf Martin und Fastnacht wurde allgemein „Bocketskuchen" gebacken." **Bocket** von urk. bekko-s = klein, acorn. boghan weist auf urk. bokkano.
Also kleine Küchlein wie unsere Muzen, oder sind sie das?

S. 393 „Auf Fastnacht waren allgemein üblich die **Vuhjagden,** Umzüge von Maskierten, die unter Absingen von Liedern Gaben zu einem Fastnachtsschmaus heischten….
Die Begleitmusik machte der Rommelpott, ein Topf mit einer Schweinsblase, worin ein Rohr steckte, an dem die angefeuchteten Finger durch Auf- und Abgleiten einen quakenden dumpfen Ton erzeugten."
Vuh von urk. vokmen- = Lärm, Laut. Vokmen > vohma.

S. 399 „Nach der ersten Verkündigung der Ehekandidaten von der Kanzel fand die Letsch statt."
Letsch von urk. laveno-s = fröhlich, ir. laine, acymr. leg-uenid

S. 408 „In Raderbroich jagte das **Kussel = Waldweibchen** auf dem nach ihm benannten Wege Furcht und Schrecken ein" zeugt davon, daß Bremer oder/und seine Informanten noch die genaue Bedeutung des Wortes coit, chet = Wald kannten. Auch die Bemerkung, „das heutige Herzbroich, früher nur Hexbroich genannt, galt als Sammelort der heidnischen Bevölkerung" (ebenfalls S. 408) kann als Hinweis auf die keltische Restbevölkerung gelten.
Urk. keito-n = Wald, Heide, acymr. coit, chet (Stokes S. 76)

S. 407 „Bei Nacht und Nebel lockte der **Fürmann** durch sein **Drüch-** oder Irrlicht in den Sumpf"
Fürmann von urk. bru = schwellen, ir. und cymr. bru = Bauch, Leib (Stokes, S. 187)
Drüch von urk. drko-, drka = Gesicht, ir. drech, cymr. drych = Anblick, Spiegel. (Stokes, S. 149)

S. 407 „In jedem Wasser wohnte der Herkemann, der die Kinder zu sich holte."
Herkemann von urk. s(p)aro-n = Gewalttätigkeit, Beleidigung, ir. sar , cymr. sarhau = Mißhandlung, Beschimpfung, Schmach. Die cymr. Form ist hier zu „har" geworden, S zu H, obwohl im Wörterbuch nur die irische Form angegeben ist. (Stokes, S. 300)

S. 403 „ En Sonndagsliek makt dä Kerkhof riek" d.i. liegt eine Höötliek (Höötl-liek = Leiche eines Erwachsenen) über den Sonntag, so folgt in der nächsten Woche wieder eine solche.
Höttl = urk. saitlo- = Menschenalter, cymr. hoedl = Leben, Lebensalter, Generation. (Stokes, S. 294)
Auch hier wußte Bremer noch die genaue Bedeutung des Wortes

S. 402 „Solange die Leiche auf dem Schoof lag, hielten die Nachbarn nachts die Totenwache."
Schoof von urkeltisch su = drehen, kehren, ir. soim, Grundform = sovio. Das gekehrte Stroh.

S. 401 „Wer von Fischen träumt, muß bald zum **Reu** (Begräbnis)."
Reu von urk. regu- = Frost, Kälte, ir. reo, acymr. reu soll bedeuten kühler, schattiger Platz (Grab)

S. 400 „Konnten sich die Eheleute nicht vertrugen oder kam Untreue vor, so vollzog sich an ihnen eine Art Volksjustiz, das sog. **Tierjagen**, Käeteldrieven, Pannasschreien oder Bartfahren."
Tierjagen von urk. tarsako = furchtsam, ir. tarrach = furchtsam
Bart von urk. bratu- = Gericht, ir. brath, acymr. braut = Urteil.

S. 417 „Die Namen der alten Götter haben sich in den Wochentagen erhalten. ….Der Dinxtag rührt von Thingus, dem Gott des Krieges. Abweichend von der ganzen Umgegend findet sich daneben in Korschenbroich bis 1600 die Bezeichnung "Martes" nach dem römischen(?) Kriegsgott Mars."

Bremer, Liedberg, S. 688
S. 688: **Mengel-** oder Mendeltag (= Freudentag) von urk. moni- = Zuneigung, Wunsch, ir. muin

S. 688: **Spurkellen** = Februar, in Köln aber 1746 Hornung genannt urk. *s(p)er: s(p)rei = ausbreiten, kellen von urk. kaldet- = Holz, cymr. celli = Wald, vermutlich Waldarbeiten, die im Februar gewöhnlich ausgefuhrt werden.

In den Texten von Hubert Köhnen finden sich ebenfalls zahlreiche Wörter, die nachzufragen sich lohnt.

Köhnen, S. 3: „**Ark**"
von urk. arko = wehre, halte vor, lat. arcere = einhegen, eindämmen, in Schranken halten, fernhalten, also Schutzwehr, auch Wehr, um Wasser umzuleiten.

S. 8: **Themeschfahr**
Name eines Hofes in Kleinenbroich
urk. temeno-s = dunkel, ir. temen, skr. tamas = Finsternis
urk. ugro-s = kalt, ir. uaran = Quelle
also etwa dunkle Quelle

S. 8: **Spellfranzeleng,**
Spielfranzenlinde, von urk. sqalba = Lücke, Kluft, Spalte (=Spiel); urk. vero = umschließen, wahren, ir. ferann = Land umschließen, wahren (=franzen); Vgl. "mit Spiel" = ein Rad, ein technisches Gerät hat „Spiel".
urk. lendu- = Wasser, Pfuhl, See (= linde)

eine Lücke zwischen Sümpfen, die man verschließen konnte.

S. 12: **Honschaft, Hunschaft**, Hundertschaft,
von urk. seno-s = alt, Gebiet, das unter der Führung eines Ältesten stand, Älteste = Hunnen oder auch Heyen genannt, "Hundertschaft" ist im hiesigen Gebiet Verballhornung
H. G. Kirchhoff, Glehn, S. 89: "Die "Hunnen" haben vielfache Aufgaben: sie sind die untersten staatlichen Organe. Über ihnen stehen die "Boten" von Hülchrath und Dyck, die für das Gräfliche Land zuständig sind; der Hülchrather Bote ist wiederum dem "berittenen" Boten verantwortlich, der wohl für das ganze, umfangreiche Amt Hülchrath verantwortlich ist. Vom Hülchrather Boten empfangen die Hunnen die Anordnungen des Landesherrn, die sie ihrerseits weitergeben; sie haben für die vorübergehende Bewahrung eines gefaßten Übeltäters in ihrem Haus zu sorgen; sie sind für die Eintreibung der Gerichtsgebühren und Geldstrafen verantwortlich; schließlich sollen sie Klagen und Beschwerden an die Amtleute in Hülchrath und Dyck weiterleiten."

S. 12: **Kaiserhof**
Von urk. keissi- = Furche; der Kaiserhof hatte das beste Land in Kleinenbroich auf Lößboden und muß daher immer Ackerland gewesen sein.

S. 12: **Goltsteinsgut**
vermutlich von urk. klad, glad, = graben und urk. (s)tenovo- <>stein = Tal, cymr. tyno = Loch, der Hof hatte früher die Bezeichnung „up den Wyhern", ein Gut an einem gegrabenen Wasserloch.

S. 12: Siel- oder **Salhof, Solstatt**,
Hof, der nicht geteilt werden durfte

S. 14: **Kus**
Eichenknüppel als Waffe, von cymr. curfa = prügeln, cymr. curiad = Schlag

S. 17: **Schar**, Gobschar, Brand oder Stumpfschar, vielleicht von urk. kerbo = Schnitt, schneiden, hauen, s-ker > schar

S. 17: **Gabsmänner** „Der Büttgener Küster verteilte dieses Stockholz mit zwei Gabsmännern an die Kötter",
von urk. gabalu- = Ast, Gabel, Schenkel
Also Leute, die die Äste aufpackten und verteilten.

S. 18: **Falder** urk. vali- oder voli- = Umgebung, Bedeckung, cymr. Gwal = Wall, Viehhürde, Einzäunung, ir. fal = Zaun, Gehege, also kein "Fall-tor", aber ähnliche Bedeutung

S. 18: Am **Spielmannsfalter**
von urk. sqalba = Lücke, Kluft, Spalte, (=Spiel); von urk. makni-, mokni- = Sumpf, also eine Lücke zwischen Sümpfen, die mit Hürden verschlossen werden. Vgl. "mit Spiel" = z.B. ein Rad, ein technisches Gerät hat „Spiel". Falder von urk. vali s.o.

S. 18: **Speckfalder**
Speck = Tümpel, also = Hürde zwischen Tümpel

S. 20: **Solstatt** (Hofstatt),
von urk. sollos = vollständig, ein Hof, der nicht geteilt werden durfte, also vollständig blieb. Sol > Sal, Salhof nur kelt. o >   germ. a

S. 21: **verhergt**
cymr. hergwd (gesprochen hergod) = verunglückt, urk. s(p)aro-n = Gewalttätigkeit, *s(p)er = mit dem Fuße stoßen
Ein Herrgottswinkel ist demnach vermutlich eine abgelegene Stelle mit einem Gedenkkreuz, wo einmal eine Gewalttat verübt wurde.

S. 22: **bemelten**
hier handelt es sich um Unterschriften, man erinnere sich an gotische Unterschriften unter Kaufverträge, die „ufmelida" = unterschrieben wurden.

S. 23: **Schlagbaum,**
eigentlich slad und bun, bon, also Wurzelstöcke im Röricht

S. 24: **Sümmer**
urk. *su = drehen, kehren, ir. soim = drehen, kehren, cymr. sypyn = Paket; süemere = sammeln, früher das Lesen von Ähren auf abgeernteten Getreidefeldern durch Kinder. In Notzeiten wurden auch Kartoffeln jesüemert.

S. 26: **Allmende**
urk. allo-s, aljo-s = anderer, urk. makni-, mokni- = Sumpf
Also Land, das für andere oder alle da ist und eigentlich wertlos ist.

S. 27: **Klüppellehen**,
vielleicht von urk. keiljo- = Genosse, Gefährte, -pel = bali = urk./ir Haus, die Höfe, Häuser, die an die Gefolgsleute des Herrschers verliehen wurden

S. 28: **Laten,** 1. kann auf urk. lauto- = Reichtum, Gut, sanskrit (altindisch) lota = Beute zurückgeführt werden. Vermutlich Beute = Reichtum aus der Sicht der neuen Herren
    2. bask. lagun = Mensch, Freund, Kumpel, g = d, d = t, = Höriger, in der Sprache der Unterworfenen ein Freund, Kumpel

S. 30: **Besthaupt**
urk. *seg = säen, cymr. hau = Abkömmling, gemeint ist die beste Nachzucht der Rinder

S. 31: **Kurmuds**-güter,
von urk. karja = Tadel, im altslawischen noch in der Bedeutung = demütigen, strafen,
urk. meido-s = Ruhm, abret. muoet = aber auch Gerichtstag, nicht wie manche meinen: Kur = wählen; man hielt also wach, wer der Herr war und demütigte.

S. 42: **Gemeinde**
urk. mokni- = Sumpf
Siehe Allmende

S. 50: **eingewonzten**
urk. venja = Verwandtschaft, dazugehörig

S. 54: **Kax**,
schon von Bremer erwähnt = Pranger von urk. kapto-s = gefangen, ir. cacht = Dienerin, Leibeigener

S. 90, **Poßäpfel**
ureurop. puska = Brocken, Stück, oder Puspas wie Puspas - Birne vielleicht getrocknete Apfelstückchen für Mensch und Tier

E4. Einige sprach-archäologische Beispiele

Urkeltisch/keltisch:

"unges Herrgott soll se wol"
ongo- hergwd sollo s vo-lugo
urk. ongo = stöhnen
cymr. hergwd (gesprochen hergod) = gewalttat
urk. sollos = ganz
urk. vo-lugo = verborgen,
Eigentlich: stöhnen über eine ganz verborgene Gewalttat,
heute: dennoch wird unser Herrgott auch das Verborgene strafen

"Hahn im Korb"
ist einer, den man nur halb liebt, nicht wirklich. Korb von urk. karao = ich liebe, cymr. caraf = ich liebe, und Hahn von urk. samtero- = halb, acymr. hanter, ncymr. haneru = halb

"Jemandem einen Korb geben."
Hä jefft nen corf.
jefft = mbret. yeu = Joch, Pferdegeschirr ?
nen = urk. nem= nemen, ahd. nama = Beraubung
Korb = cymr. caraf = ich liebe
etwa: Beraubung der Liebe

"Halve Hahn"
von urk. san -, sen- = besonders, acymr. han,
halwe von urk. agileta = Herd, cymr. aelwyd = Pfanne, Kleinigkeit, also eine besondere Kleinigkeit, Vorspeise
= heute Käsevorspeise in Düsseldorfer Altstadtgaststätten

„Einen Strauß ausfechten"?
Strauß von vermutlich urk. trud = bedrängen, belästigen
Ir. troscaim = ich faste, trott = Zank, Streit

ureurop. (r)-auzi = Rechtsstreit, mit Konsonantenumstellung > iz-r-au also einen Streit haben

Jemandem den Wurm segnen
Urk. barann = Zorn und urk. segno- = Schnur, vgl. Senkel, das könnte die Bedeutung haben wie „den Zorn binden".

Ureuropäisch:

"lott dat sin"
ureurop. lotu = einer Sache nachgehen, sich verabreden, sich zuwenden, etwas in Angriff nehmen,
ureurop. dada = dado Würfel
ureurop. sen = wahrnehmen, vernünftig, einsichtig, verbrüdern
Eigentlich: Lassen wir uns gemeinsam dem Würfelspiel zuwenden

"lott jonn"
ureurop. lotu = einer Sache nachgehen, sich verabreden, sich zuwenden, etwas in Angriff nehmen,
ureurop. joan = weggehen, wegfahren,
Eigentlich: Laßt uns weggehen

"lott kord schete" (schießen)
ureurop. lotu = einer Sache nachgehen, sich verabreden, sich zuwenden, etwas in Angriff nehmen,
ureurop. korda = Strick
ureurop. setiatu = umschließen, umzingeln, belagern
Eigentlich: Wenden wir uns dem Festmachen eines Bootes, oder dem Einfangen eines Tieres zu

"Junge, et wor jet los"
ureurop. jaun = Herr, Hausherr
ureurop. et-sai = Feind, sich verfeinden

ureurop. bor (roka) = Kampf
ureurop. jazo = sich ereignen
ureurop. las (ter) = rennen
also ungefähr so: "Herr, sie haben sich verfeindet, ein Kampf hat sich ereignet und alle sind losgerannt."

"man tau"
ureurop. man = gefügsam
ureurop. to = he du, Mann
Also ungefähr so: "nun mach mal, Mann", "sei gefügig"

"in Bausch und Bogen"
ureurop. bus (ti) = nass werden
ureurop. boga = rudern
Also vielleicht so: Nass geworden wie beim Rudern"

Ins Bockshorn jagen
Wahrscheinlich von bask. buk-aera = Ende und bask. orron = umherirren, orron mit Anlaut-H

„sturmfreie Bude"
Das Anlaut-S ist wahrscheinlich unter indogermanischem Einfluß hinzugesetzt und darf bei der Suche nach dem ureuropäischen Sinn der Redewendung nicht berücksichtigt werden.
turm <> tron, tron-patu = trügen, narren (Konsonantenumkehr)
frei <> biri, bir-jintasun = Jungfräulichkeit
also „um die Jungfräulichkeit betrogen" = sturmfrei

E5. Familiennamen aus der Umgebung

Flurnamen haben häufig die Namen von Höfen geprägt, Hofnamen sind oft als Familiennamen verwendet worden. So scheinen umgekehrt in den Familiennamen die Hofnamen und die Flurnamen durch.

Daneben gibt es eine große Zahl von Namen, die keine Verbindung zu Flurnamen oder allgemeiner gesagt, geographischen Namen, erkennen lassen. Einige Anhaltpunkte lassen darauf schließen, daß es sich bei diesen Namenstämmen um Adjektive oder Personennamen handelt.

Wir schauen uns zuerst die von Personennamen abgeleiteten Familiennamen an, dann die sonstigen Namen, sofern wir etwas darüber sagen können; alles mit der Einschränkung: „wahrscheinlich, zwar nicht sicher, aber plausibel".

Die Namen mit Endung –ges.
Im Ureuropäischen gibt es für Jugend = gaz-tedi.
Aus dem Stamm "gaz" wird vermutlich die Endung "gaz" = „ges" entstanden sein, also "Jugend oder Nachkomme von", so wie im Nordischen -sen, -son.
Z.B. Pöstges: Sohn von Post, Nachkomme von Post.
Wahrscheinlich stammen von da unsere Familiennamen auf -ges, -kes, von denen es gerade in der Umgebung von Korschenbroich und Mönchengladbach nur so wimmelt.
Wenn diese Endung auf vorgermanische, ja auf ureuropäische Zeit schließen läßt, so läßt sie das gleiche mit unseren Familiennamen, in denen sich alte ureuropäische Namen widerspiegeln dürften.

Namenbeispiele aus einer unübersehbaren Zahl dafür sind:
Pöstges, daneben Familienname Post
Giesges, daneben Familienname Giesen
Wintges, daneben Familienname Wintzen, wint = urk. vind = weiß

Füssges, daneben Familienname Füssen
Böttges, Bremges, Külges, Gilges, Stumpges, Knepperges, Jöbges, Buisges, Büschges, Cönges, Krempges, Hermges, Repges, Dumges, Gümpges, Schipperges, Stepges, Ditges, Bröxges , Bröxkes, Cöntges, Doenges, Drillges, Feldges, Füßges, Gehendges, Giltges, Götges, Göttsches, Görtsches, Gültges, Hartges, Hensges, Heintges, Hilliges, Höfges, Höttges, Höntges, Hüsges, Hütches, Jöbges, Jepges, Jüntges, Kölkes, Klömpges, Kleintges, Köllges, Köntges, Körfges, Krempges, Leuschgens, Leuchtges, Leutges, Lüpges, Metzges, Möllges, Mösges, Rösges, Röttges, Sastges, Schönges, Schönkes, Schürkes, Stümpges, Mösges, Vösges, Fenkes, Nilges, Neickes, Erkes, Zielges, Wintges, Ulkes, Stulges, Schiedges, Ruckes, Ranges, Peschkes, Mönnikes, Lietgens

Die Namen mit Endung -gen
Die Namen auf –gen können ebenfalls einen ureuropäischen Ursprung haben.
So wie es im Keltischen üblich ist, durch Anhängen der Endung –genus, von urkeltisch geno-, genio- = Geburt, an den Namen die Herkunft zu bezeichnen, so mag es im Ureuropäischen die Endung gan-bela = Krippe, "-gan" gewesen sein, beides auf Geburt bezogen.

Siehe auch im Keltischen und Lateinischen Beispiele für solche Bildungen: Boduo-genus, Cinto-genus, Camulo-genus usw. ir. gein = Geburt, cymr. geni, lat. genus = Geschlecht, Geburt. (Stokes Urk. Sprachschatz, S. 110). Vgl auch lat. ruri-gena = Landmann.

Aus diesem –gan ist vermutlich „-gen" entstanden, und all die Namen auf –gen wie Paefgen, Nilgen, Körschgen, mit oder ohne s, also sowohl Nilgen und Nilgens.
Die Endung ist etwa vergleichbar mit deutsch –sen, wie in Hansen, Martensen usw.

Büschgens, Elfgen, Höffgen, Heusgen, Köntgen, Kleuskens, Stüsgen, Rösgen, Speetgens, Schlimgen, Röttgen, Lötzgen, Hüsgen, Leuschgens, Lipgens, Jüntgen, Schnütgen, Schöttgen, Schilgen, Schleusgen, Hexgen, Ulgens, Ritgen, Mösgen, Nersken

An den Namen wie Stümpges und Stump/Stumpen oder Höffgen und Hoff wird die eigentliche Bezeichnung, hier Stump und Hoff, offenbar.

Sonstige vermutlich ureuropäische oder urkeltische Namen:
1385 Tilkin Ruyspennich
    Henkin Berchenne
    Sibo Loyd
    Henkin Seugpheinen (Köln, Dominikaner Urkunden 7)
    Koyngin Driesch
1517 Jentgen then Halen (Bremer, Liedberg S. 799),
    vielleicht mit Dam Hallen gleich
1393 Tilgin Neve
    Nesgin Neve
Die Vornamen sind vermutlich ureuropäisch.

Es fällt auf, daß alle diese Namen ein "gin" mit sich führen, was dem heutigen "gen" entspricht.
Der Vokalwechsel "a" zu "i", "-gan" zu "-gin", ist im Ureuropäischen so wie "u" zu "i" üblich.

Die Endung -s
Die Endung –s, die es im Ureuropäischen gibt und von der auch Kuhn schreibt, ist vermutlich für die übergroße Zahl der Namen mit Endungs-S im Bereich von Mönchengladbach und Korschenbroich verantwortlich.
Sie auf einen Genitiv des betreffenden Namens zu beziehen, ist denkbar, aber nicht wahrscheinlich. Es steckt eine vorgermanische Eigenheit dahinter, die Namen mit einem Endungs-s zu versehen.

Ähnlich ist es mit der (uns deutsch erscheinenden) Eigenart, wenn wir sagen, die Arnold-s, die von der Familie Arnold Abstammenden, die zu den Arnolds Gehörigen.

Wir gehen davon aus, daß das Endungs-s der Namen einem Instrumentalis in der bask. / iberischen Deklination entspricht und in unserer Gegend erhalten geblieben ist. (W. Meyer-Lübke, Das Baskische, S. 183)

Gans, Hagels, Görtz, Neuers, Weyers, Gens, Gerlings, Schürmanns, Brockers, Katers, Lauffs, Wienands, Hökums, Dommers, Entenpools, Schroers, Jammers, Overs, Pilings, Tremanns, Beckers, Vitz, Kloeters, Ebels, Ingmanns, Schraus, Türks, Katers, Danners, Hoppenkamps, Schippers, Schrills und viele andere mehr.

Dies, um einmal eine Kostprobe zu geben.

Die Namen mit Endung -es
Eine andere Form, Namen zu bilden, wäre die Endung „-es" an einen Stamm anzuhängen.
Dieses „-es", was aus der keltischen Endung „–ais" entstanden sein kann und dann der deutschen adjektivischen Endung „-lich" oder „-ig" entspräche, ist ebenfalls im Korschenbroicher Raum sehr häufig, aber auch in Mönchengladbach bis nach Krefeld und Viersen hin, soweit wir wissen, verbreitet.
Unsere Nachforschungen stellen "es" neben "s" als hamitischen Artikel bzw. als "isa", einem hamitischen Personalpronomen.

Ruckes, Rottes, Werres, Wienes, Wermes, Ziemes, Volles
Baues, Belles, Bommes, Bonnes, Drebes
Gieles, Görris, Hilmes, Halfes, Könes, Nelles
Knelles, Neues, Nöhles, Ploenis, Schotes, Siemes, Thivis,
Thönis, Thönes, Tiefes

Die Namen mit Endungen auf -essen, -en
Daneben gibt es die Form, dass die Endung „–es" um eine zweite Endung „en" erweitert wurde.

-es-sen ist ureurop. Genitivendung: Joannes-sen mutila = Johannes' Bursche (Schuchardt, Nubisch und Baskisch, S. 280), Jennessen = Mensch, Leute, Johannes' Sohn.

Aber auch -sen abgeleitet von ureuropisch (hamitisch-baskisch) "sem" = Sohn. (vgl. Semiten). Daraus könnte -sen als Entstellung im Sinne von Sohn entstanden sein. "Jende", ureurop. Stamm "jen-" = Leute, könnte zu Jen-sen = Jan-sen führen, Jansen = Leutesohn, Menschensohn, -sen als Sohn nachklingend.

Die Namen mit der Endung -mann
Wahrscheinlich in einigen Namen von urk. makni, mokni = Sumpf, cymr. mawn = Sumpf und nicht von dt. Mann.

Horsmann	hors = cors = acymr. cors = Röhricht, Riedgras
Stratmann	strat = srutu = Fluß, ir. srath = Strand,
	oder von urk. sredo = Strom, Guss.
Petermann	peter = cymr. pedwar, umbr. petur = vier, got. fidwor
Linnemann	linn = Sumpf
Ballmann	Sumpf-Sumpf, bal von ureurop. baltsa = Schlamm
Pollmann	poll = cymr. pwll = Wasserloch, Strom,
Pullmann	dgl. pull

Alles Wasserwörter als Bestimmungswort zum Grundwort "mawn" = mann = Sumpf

Die Namen mit Endung -pertz, -ertz
Es können Bildungen sein, die einen Bezug zu Furt, Brücke haben.

Urk. (p)ert = Übergang, Furt wie in Pferdsbruch, ureurop. ertz = Rand, Kante, Saum (vielleicht im Sinne von Rand des Flusses, Ufer, eine Furt)

Knippertz = Klippertz (n = l)
Huppertz vermutlich Hoppertz, ein Zusammenhang mit Hoppbruch ist möglich
Knuppertz (n = l)
Kauertz vermutlich urk. kau = Zaun, Hecke, Hag
Remmertz
Mankertz
Memmerts
Lemperts
Lamberts

Diese Namen machen einen eher ureurop. Eindruck, allerdings sind sie auch als urk./ureurop. Mischsprache anzusehen.

Namen mit urkelt. Präfix Dam
Präfixverbindung tembi- (aus to-mbi -), ir. timm, cymr. dam, corn. dom, bret. dim, auch "ten"

Dam Hallen, (Bremer, Millendonk S. 37)
Dam Kraus, (Bremer, Millendonk S. 58)
Dam Hoff (Bremer, Millendonk, S. 572)
Dam Tilmes, Büttgen (Bremer, Liedberg, S. 707)
Dam Winrich, 1494, (Bremer, Liedberg, S. 744)

Namen mit kelt. Präfix To
Tokloth To-kloth, cloth = verwandte Bedeutung "berühmt", vgl. germ. Königsname Chlodwig

Weitere Namen

Marnet < Mar-gnatus, urk. gnatus > net = Sohn, got. knods = Ge schlecht
Dusend = von dus = urk. dusio-s = schmutzig, end = bend
Peternell = kelt. Peter-nell = Vier-eck, Vier-kant
Görtz, Geurts, urk. gord = Hammer
Kuhn < urk. kouno-s = schön
Köhnen < Rohr, Stengel, vielleicht im Sinne von „am Röhricht wohnend" oder urkelt. kunagnos, irisch, cymr., bret. Conan = Eigenname
Lütterfelds, wahrscheinlich < lutra, > lauter > lütter = schmutzig, nasses Feld
Borren von borso-s = groß, stolz, ir. borr
Lenders < urk. lendu- Sumpf und urk. ter = Land
Hülser < kelt. kolenno, ir. cuilenn, cymr. celyn = Hüls, Mäusedorn, Stechpalme
Zester, vielleicht von Kester = Festung, durch Zetazismus umgeformt in Zester
Schellen, vermutlich von urk. sqetlo = Erzählung, Nachricht, ir. scel Geschichte, Erzählung, cymr. chwedl
Thywis, vielleicht von urk. to-vessu-s = Führen, Führung, ir. tuus, cymr. tywys
Türks urk. torko-s = 1. Eber 2. Fürst
Oedinger, von urk. okto = acht, ir. ocht-n, cymr. wyth (gesprochen oit)
Schlechtriem, von vermutlich urk. elk-o-s = schlecht (Konsonantenum kehr > lek mit Anlaut-s) und riem = Streifen Acker
Danners, Daner, urk. dana = kühn, aber auch Können, Kunst (Doppelbedeutung des Wortes)
Immerath von urk. embia = Umzäunung und rath = Fläche, Wiese
Koch = ureurop. kokatze = Ansiedlung
Meuter = kelt. moiti = sanft
Maas = kelt. mai = Feld, cymr. = maes Acker
Moll = kelt. mol, mal = erheben, preisen, cymr. moli = loben, mal = edel, adelig
Krapohl, = kra(p) = großer, stark, pohl = Sumpf

Klodt, Kelt. kluto-s = berühmt, vgl. germ. "Clodwig", Ludwig
Gingter, wie Peng-ter, Weiher, aber urk. Herkunft
Kolvenbach von urk. kalamon-, kulmo- = Halm, Stroh, ncymr. calaf, Pl. calafon = Rohr, Halm, calven, also Bach mit Rohr oder Ried ohne Zetazismus
Kreutzer, kröt von urk. kreitro- = Sieb, ir. criathar, acymr. cruitr. corn. croider, bret. croezr. Auch als Grenze deutbar, ir. crioch = Grenze wie in Schrödt, geographischer Name in Rheydt, ähnlich „am Kreuz" möglich auch von ir. crioch = Grenze
Kallen, kelt. kallo-s = gewandt, listig, + Endung –an = klein und listig, auch von ureurop. call = Burg deutbar.
Frehn, gleichbedeutend mit Freden = Hürden
Schotten, Schotes = urk. skoto-s = Besitzer, Herrscher, ir. scott
Witbeter < kelt. veiti = umgebogen, schief; kelt. beti = Weg; also umgebogener Weg
Ipers ureurop. ipar = Norden
Schippers, = S-Ippers

Johann im Tempel
Zitiert bei Bremer, Millendonk, S. 15; Urkeltisch (s)temppu- = Pfeiler, ir. timpan = stehender Stein, auch Saiteninstrument (verwandt lat. templum?) (Stokes, S. 129).
Hier kann noch eine ferne Erinnerung an eine vorkeltische Kultstätte vorliegen; denn geschnitzte Pfeiler und Stämme waren durchaus üblich in germanischen und slawischen Kultstätten.
Warum nicht auch in vorkeltischen? Die Zweitbedeutung Saiteninstrument paßt zu einer Kultstätte, denn dort kann auch musiziert worden sein.
Timpan = die stehenden Steine könnten auch Vorläufer der Fussfälle sein.

Solche Namengebung ist für das Gebiet Korschenbroich und Raum Mönchengladbach typisch, sie treten am gesamten Niederrhein auf.

F. Name und mutmaßliches Stammesgebiet der Eburonen

Die Eburonen zählten bei Cäsar zu den Germanen, den sogenannten Germani cisrhenani. Der Forscher Leo Weisgerber hat über deren Stammesgebiet und die benachbarten Volksstämme eine gute Abhandlung geschrieben, deren Kurzform wir hier wiedergeben. (Leo Weisgerber, Rhenania Germano-Celtica S. 275)

Zitat Weisgerber:
"Die Problemstellung ist rasch skizziert. Für Cäsar erreichen die Stämme, die er in Nordost-Gallien antraf, in vier Hauptvertretern den Rhein: Mediomatrici, Treveri, Eburones, Menapii. Das ist natürlich keine lückenlose Aufzählung; aber es kommt doch deutlich zum Ausdruck, daß Bewegungen von dem einen Gebiet zum anderen ohne beachtenswerte Einschnitte möglich waren.
An diese Beschreibung muß jede Untersuchung der vorrömerzeitlichen Verhältnisse anknüpfen, und es ist offenbar, daß für das linke Rheinufer von Bonn abwärts die Eburones stark in den Vordergrund traten.

In den folgenden Jahrzehnten änderte sich das Bild wesentlich. In den Mediomatrikeranteil der oberrheinischen Tiefebene rückten Teile von Ariovists Sveben ein, die Triboci, die Nemetes, die Vangiones. Die Eburones wurden von Cäsar vernichtet und mit der Herübernahme germanischer Ubii und Sugambri in ihren Resten noch überdeckt.
Die Menapii erscheinen durch einen breiten Vorstoß von Batavi nach Westen abgedrängt. .....Der Nordostrand der belgischen Provinz erscheint ausgefüllt mit den sechs civitates der Menapii, Nervii, Tungri, Treveri, Mediomatrici und Leuci. In den angrenzenden Teilen der germanischen Provinzen ist keine ähnlich durchgeführte Gliederung greifbar. Die wichtigsten Namen, die wir in der Germania inferior antreffen, sind die Batavi um Noviomagus - Nijmegen, (S276) die Cugerner etwa von Kleve bis Asberg mit den Baetasii (Weeze? der Verf. A. H.) und

noch Zitat Weisgerber:
Sunuci im Vorfeld, die Ubii mit Köln als Mittelpunkt. Für die Germania superior ist bei der eigentlichen Rheinstrecke der Treverer von Remagen bis Bingen kein neuer Name zu vermerken, während in der oberrheinischen Tiefebene die ehemaligen Mediomatrikergebiete durch Vangiones, Nemetes und Triboci überdeckt sind. ....

a) Kann das Tungrer-Gebiet der römischen Zeit als eine Art Rumpfgebiet betrachtet werden, von dem aus auch Aufschlüsse über die untergegangenen rheinnäheren Eburonen zu gewinnen sind? In sich ist das, was das CIL (Corpus inscriptionum Latinarum) als ager Tungrorum zusammenfaßt, wohl weder stammesmäßig, noch verwaltungsmäßig eine Einheit.

Aber zum mindesten ist es negativ ein Ausschnitt, der von den belgischen Nachbar-civitates der Nervier, Remer, Treverer nicht beansprucht wird, und das andererseits ursprünglich nicht zur Militärzone gehörte. Das Gebiet reicht an der Maas von nördlich von Maastricht bis südlich von Dinant (S. 277). Im Osten und Westen werden die Seitentäler in die fundleeren Ardennengebiete einbezogen.

Positiv ist zu sagen, daß die Eburonen, die für uns den Ausgang bilden, bei Cäsar als der Hauptstamm einer Gruppe von Eifel- und Adennenstämme vorgestellt werden, die er insgesamt als Germani cisrhenani bezeichnet und von denen als Teilstämme außer den Eburonen die Caero(e)si, Condrusi, Paemani und Segni genannt werden.
Ob noch andere, erst später auftauchende Namen dahinzustellen sind, wissen wir nicht, aber auf jeden Fall gehören auch die Tungri zum ursprünglichen Bestand der Germani cisrhenani, wenn ihr Name auch erst später überliefert wird, nachdem sie den Vorrang unter den Nachbarstämmen gewonnen hatten.

Als jüngeres Einsprengsel in diesem Gebiet sind noch die Atuatuci bekannt, Reste vom Cimbernzug, die sich eine ziemlich starke Stellung verschafft hatten, bis die Vormacht der Tungri schließlich bis in den noch Zitat Weisgerber:
Namen ihrer Hauptstadt (Atuatuca Tungrorum = Tongern) eindrang. Für einige der kleineren Stämme ist die genauere Lokalisierung aufgrund der späteren Landschaftsnamen möglich: Condrusi = pays Condroz (südöstlich der Maas zwischen Namur und Lüttich), Famenne, östlich der Maas zwischen Dinant und Sedan, wird letztlich doch mit den Paemani zusammenhängen, ebenso wie der Karos-Gau um Prüm mit den Caeroesi.-

Man kann also sagen, daß der ager Tungrorum im Sinne der Umgrenzung des CIL (wobei auch die Grenzen des Bistums Tongern, das später nach Lüttich verlegt wurde, mitsprechen) im wesentlichen mit Angehörigen der Germania cisrhenani angefüllt war (wenn auch einzelne Teilstämme wie die Caeroesi den Treverern zugehörten).

In diesem Sinne haben wir es tatsächlich mit dem Rumpfgebiet der Eburonen zu tun, und wenn wir sprachlich Aufschluß über die Bewohner der Kölner Bucht von Cäsar gewinnen wollen, dann muß der Ansatz von der inschriftlichen Hinterlassenschaft des ager Tungrorum ausgehen, um von da aus allenfalls die Nachwirkungen der Eburonen im Bereich der Ubii zu fassen.

b) Damit ist zugleich die weiterreichende Bedeutung des Problems bereits berührt. Als Repräsentanten der Germani cisrhenani interessieren uns die Bewohner des ager Tungrorum im doppelten Sinne.
Nach der bekannten Stelle des Tacitus sind diese als erste Germani über den Rhein gekommen und von ihnen ist dieser Name ursprünglich ausgegangen. Was man von ihren Nachfahren namentlich fassen kann, müßte als einzige Aufschlußmöglichkeit über den Stand und die Zusammenhänge dieser "ersten" Germanen größter Aufmerksamkeit si-

cher sein. In diesem Sinne ist das Problem auch von R. Much, S. Gutenbrunner u.a.m. aufgegriffen worden. -

Man kann die Sache aber noch von einer anderen Seite aus ansehen.
noch Zitat Weisgerber:
Wer waren die Träger der Kulturen der frühen Eisenzeit am mittleren und unteren Rhein?

Jedenfalls kaum Kelten im Sinne der Träger der La-Tène-Kultur. Daß die letzteren von Süden nach Norden Fortschritte machten, sei es siedlungsmäßig, sei es kulturell, unterliegt keinem Zweifel.

Diesen Gang der "Keltisierung" kann die sprachwissenschaftliche Untersuchung noch aufweisen; in den Personennamen römerzeitlicher Inschriften stecken unter dem im Vordergrund stehenden römischen Einschlag noch die Spuren älterer Namenschichten, und zwar so, **daß uns über die keltische Schicht hinaus auch noch "Vorkeltisches"** greifbar wird.

Dieses "Vorkeltische" nimmt nun von Süden nach Norden auffallend an Stärke zu: Bei den Mediomatrikern verteilen sich die etwa (S. 278) 360 nicht römischen Personennamen zu 236 auf keltische und zu 123 auf "undurchsichtige" (worin auch das Vorkeltische steckt), also im Verhältnis 2 : 1. Bei den Treverern erscheint das Verhältnis wesentlich zugunsten des "Vorkeltischen" verschoben: unter rund 420 nichtrömischen Personennamen der Inschriften sind etwa 200 keltisch, 220 undurchsichtig, also im Verhältnis 1 zu 1.

Dabei nimmt das Schwergewicht der "undurchsichtigen" Namen zu, je mehr wir zur Westeifel und zu den Ardennen kommen.
Das drängt auf die Frage hin, ob wir in den eigentlichen Ardennengebieten, also im ager Tungrorum des CIL zusätzliche Hinweise auf diese Namenschicht gewinnen können, wobei dem Gedanken an einen von Norden vordringenden germanischen Einschlag auch der

andere zur Seite gestellt werden muß, ob hier Relikte einer von der von Süden vordringenden (siedlungsmäßigen und sprachlichen) Keltisierung zurückgedrängten Vor-La-Tène-Zeit uns in Namenspuren faßbar werden.

noch Zitat Weisgerber:
Die sprachwissenschaftliche Beurteilung dieser Namen hätte das größte Interesse für die Vorstellungen, die wir uns von den siedlungs- und kulturgeschichtlichen Verhältnisse der Rheingebiete in dieser Vor-La-Tène-Zeit zu machen haben. Daß die römerzeitlichen Personennamen in Reliktgebieten sprachliche Spuren der Hunsrück-Eifel-Kultur oder gar der Urnenfelderkultur bewahrt haben, liegt durchaus im Bereich des Möglichen.
......Von den wenigen Zeugnissen bei Schriftstellern sind hervorzuheben die bei Cäsar genannten Ambiorix und Catuvolcus sowie der Tungrer Tausius, der nach Jul. Capitolinus im Jahre 193 den Kaiser Pertinax tötete".
Zitat Ende Weisgerber.

Weisgerber weist also auf eine unbekannte nichtkeltische (also auch nicht indogermanische) Schicht hin, die er nicht benennen konnte, aber aus den Personennamen erkennen konnte.

Betrachten wir die in unserem Gebiet liegenden Ortsnamen mit einem wahrscheinlichen Bezug zu den Eburonen.

Da ist zunächst Bedburdyk, das Dyk der Eburonen, eigentlich vermutlich Pedburonen, ca. 15 km von Korschenbroich entfernt, im Rhein-Kreis-Neuss, Stadt Jüchen, P-edbur-dyk.

Zur Namendeutung:

a) Urk. eburo-s ist die Eibe, der Eibenbaum.
Zitat Weisgerber:
"Ein Grund für die beachtliche Stellung in der Siedlungsgeschichte ist ihre Verwendung als Friedhofsbaum.

Wichtig ist der Hinweis, daß unter und neben dem gall. eburo ein in Orts- und Personennamen häufiges ebur- von Lusitanien bis Campanien nachweisbar ist, dessen Herkunft und Funktion völlig unbekannt ist.

Daß die Völkernamen Eburones und Eburovices mit Eburo- "Eibe" zusammenhängen, ist für den ersteren gestützt durch die Beobachtung Thurneysens, daß die Nachricht vom Tode des Eburonenführers Catuvolcus kaum zufällig gerade die Eibe nennt. Bertoldi denkt an das aus der Eibe gewonnene (Pfeil-)gift." (Leo Weisgerber, Rhenania Germano - Celtica, S. 58).
Zitat Weisgerber Ende.

Soweit die früheren Spekulationen um den Namen der Eburonen. Hier wird das gallische eburo = Eibe mit den lusitanischen ebur- verwechselt, das eine ureurop. Wurzel haben kann.
Neuere, eigene Überlegungen und Möglichkeiten:

b) P-ed könnte von urk. (p)itu- = Korn, Getreide, ir. ith, bret. id, ed, eth herrühren, bur = Pflüger, Bauer, verwandt lat. buris = Krummholz am Pflug, läßt ebenfalls auf Bauern schließen.
Demnach könnte Eburonen = Getreidebauern bedeuten

c) Irisches "pet" kann aus ureuropäisch etxe + Anlaut-P entstanden sein, P-etxe, etxe = Haus, Heim, buru = Haupt, buru könnte als Bauer aufgefaßt werden, vgl. Buren, der Bauer als Haupt seines Hauses.

d) -edbur von ed und bur, ed von v-ed, = urk. vidu = Wald, v wie b oder p weggefallen, also mögliche Waldbauern

e) Da an anderer Stelle dieser Arbeit (Der Nordwestblock) dargestellt wird, daß sehr viele Völkernamen Europas ureuropäischen Ursprungs sind, wollen wir diesen Weg versuchen:
et-sai = Feind und **buru egin = trotzen, widerstehen, sich wehren, = die dem Feind widerstehen.**
Also ein ureurop. Name für eine "belgische" Völkerschaft.

Alle Lösungen sind möglich, aber Lösung e) scheint mir nach Art der anderen Völkernamen wahrscheinlicher.

Ein weiterer Hinweis auf die Eburonen finden wir in den Ortsnamen

Bedburg und Bedburg-Hau,

bei Gysseling meist Bedebur genannt.
Hau ist urk. seg = säen, cymr. hau im Sinne von Same, Abkömmlinge, wahrscheinlich also eine Art Kolonie. (urk. s = cymr. h)
Wie Bedbur, aber bur entstellt zu Burg.

Demnach könnten die Eburonen in Teilen noch weiter im nördlichen Niederrhein gesessen haben, als wir zunächst annahmen. Im Süden kann sich das Gebiet der Eburonen einmal bis in den Hunrück hinein erstreckt haben, denn dort gibt es auch ein Burtscheid (laut Gysseling 1018 Purceto, 1166 weiter als Burceto, bur-ceto von urk. keiton = Wald, kelt. cet, chet = Wald). Bourscheid nw. Diekirch in Luxemburg.
Im Westen scheint Aachen-Burtscheid ein Grenzpunkt zu sein, im Osten das rechtsrheinische Burscheid. Damit würde sich die Vermutung verstärken, dass auch rechtsrheinisch Eburonen saßen.
Schließlich gibt es noch einige Orte im Rheinland, die ähnlich lautende Namen aufweisen:

Kerpen-Buir, dann Bleibuir, Bergbuir, jeweils bei Mechernich, Nettersheim-Buir.

Als Hauptort der Eburonen gilt einerseits nach Caesar ein Ort namens Aduatuca, andererseits Tongern in Flandern, das mit dem jährlichen ndl. "Eburonentocht", einem „Eburonenumzug", die Erinnerung an diesen Volksstamm wachhält.
Übrigens heißt Aduatuca soviel wie "Bund von Abstammung her".
Ureurop. et-orki = Abstammung und ureurop. bat/vat/uat = vereinigen.

Während allgemein die Meinung vertreten wird, der Ort Aduatuca sei nicht lokalisierbar, sieht Holder (Altkeltischer Sprachschatz, S. 47) ihn in dem Ort Vetschau, nördlicher Ortsteil von Aachen. Ad-vatuca > Vetschau.
Advatuci, ein Volk zwischen Maas und Rhein, das von einer dort zurückgelassenen Gruppe von Cimbern abstammen soll, im späteren Lande der Ubier, sind wohl als Teil der Eburonen aufzufassen.

H. Kuhn berichtet, „daß die Kelten, die da auf beiden Flügeln vor den (germanischen, der Verf. A. H.) Angreifern zurückweichen mußten, im Rheingebiet noch eine große und wertvolle Landschaft hinzugewinnen konnten.
Es ist der untere Moselraum bis in das Becken von Neuwied hinab.
Er hat, wie der Lautstand seiner ältesten Ortsnamenschichten beweist, nicht zum alten Kernbesitz der Kelten gehört, sondern muß erst später in ihre Hände gefallen oder wenigstens von ihrer Sprache erobert worden sein. Dies wird in der hier erörterten Periode geschehen sein.
Es scheint, als seien die Kelten sogar noch etwas über die Eifel in den Südteil des ubischen Gebietes, der vom Germanischen noch kaum erreicht war, hinübergedrungen."
(H. Kuhn, Das Rheinland in den germanischen Wanderungen, S. 314 bzw. S. 488)

Könnte es nicht so gewesen sein, daß durch die Strafaktionen der

Römer Teile des Eburonenlandes menschenleer wurden, und die Kelten diese Gelegenheit der Landnahme nutzten und so weit nach Norden vorstießen, bis sie auf die Ripuarier (Ubier) trafen.
Denn dieser Grenzraum ist markiert von Ortsnamen wie Reifferscheid (= Ripuarierscheid) nw. Adenau und Trierscheid (= Trevererscheid) sw. von Adenau. Und nur Treverer können diese Kelten gewesen sein.

Die Urheimat der Eburonen könnte in Norddeutschland zu suchen sein, bei den Orten, die ein Namenselement "bur/buri" führen.

G. Indogermanisch und Ureuropäisch bis ins Mittelalter

1. Wir finden in Korschenbroich fast nur Fluren, die eine Bezeichnung tragen, in der eine alte nicht-germanische Wurzel zum Ausdruck kommt.

2. Viele Namen erwecken den Eindruck, als seien sie deutschen Ursprungs, stellen aber nur ein deutsches Sprachkleid dar, unter dem sich ein nicht-germanisches Wort verbirgt.
Z.B. Blausteinsbenden, Mailänder Benden, Wehrstraß, Elf Morgen Baum, Kälverbend, Rothaus, Pastoratsstr. u.a.

3. Aber da tauchen auch Flurnamen auf, die rein vorkeltisch oder älter zu sein scheinen oder doch Teile davon. Kotten Schlot, Kell, Heim Gatter Bend, Logen Graben, Kollenburg (Kalenburg), Speckstraße u.a.
So eine Vielzahl von Bezeichnungen muß also noch wach im Sprachbewußtsein der einheimischen Bevölkerung gewesen sein.
Von Vur-pal war 1939, als Bremer schrieb, noch die genaue Bedeutung (Grenze) bekannt. Er hat noch andere Begriffe, die aus vorgermanischer Zeit zu stammen scheinen, überliefert. Köhnen kannte noch die Bedeutung von Straße, stroot = kleiner Wald, nasses Gehölz.

4. 1643 wird die heute „Hymmgasse" genannte Flur „himmjatz" bezeichnet (Köhnen Kleinenbroich S. 20). Das kann als eine Vorstufe zu Hymmgasse betrachtet werden. Aber 1746, 100 Jahre später, taucht für dieselbe Flur der Name „Heym Gatter Bend" auf.
Dies ist aber ein älterer Sprachstand als „Himmjatz".

Man kann daraus schließen, daß dem Schreiber des Protokolls des Limitengangs Einheimische zur Verfügung standen, die den alten Sprachstand der Flurnamen noch kannten oder verstanden und dem Schreiber auf seine Anfrage hin nannten, der sie dann so niederschrieb, wie er sie hörte und verstand.

Man kann weiter daraus mutmaßen, daß der Schreiber auf die Angaben der Einheimischen angewiesen war, weil er andere Ortskundige vielleicht für einzelne Fluren, wie Hymmgasse, nicht aber für alle anderen Fluren, also das ganze sumpfige Gelände zur Verfügung hatte, das in die Begehung einbezogen werden sollte.

Das Beispiel zeigt, daß auch spätere, jüngere Belege die älteren Bezeichnungen bewahrt haben können. Das haben wir auch am Beispiel Kaarst: Carlesvorst - Carst-vorst gesehen.

5. Dreith = Triet, ein Bach, der das 1746 zu umschreitende Gebiet angrenzend durchfließt.
Dreith ist exakt die indogermanische Lautform von Triet. Idg. ei > germ. i und idg. d > germ. t. Dreith muß wohl gleichzeitig mit der Form Triet verwandt worden sein.
Also neuerer und älterer Sprachstand gleichzeitig, das ist ein weiteres Indiz für das Fortbestehen des Indogermanischen in Zweisprachigkeit.

6. Schon 1422 wird eine Irmgard von der Kalenburg erwähnt, die mit Stiftungen in Zusammenhang gebracht wurde.
Aber 1746 hieß es in dem Protokoll des Limitengangs noch immer Kollenburg.
Ein weiteres Beispiel: Der Grenzpunkt Pfahl Heister wird noch später „an gen Pohl" genannt. Auch hier ein in der Entwicklung jüngeres „a" wird von einem älteren „o" zeitlich überholt bzw. besteht in verschiedenen Dokumenten zur gleichen Zeit (noch).
Krahe zeigte anhand von einigen Beispielen, Mosa/ Masa und Ornava/*Arnava, daß es "also westlich des Rheins bis nach Belgien hinein hinsichtlich der Behandlung von altem kurzem o zeitweise gemischtsprachige (zweisprachige) Gebiete " gab. (Krahe, H., Sprachliche Aufgliederung und Sprachbewegungen in Alteuropa, S. 19)

7. Erst um 1500 taucht der Name Korschen-(broich) auf, vorher war er als Cirs-mecke benannt.

Eine Weiterentwicklung von Cors- nach Cars-, Hars- hat er aber nicht mehr durchgemacht.
Das könnte die Zeit gewesen sein, dass die indogermanischen Worte auf „o" nicht mehr zu „a" umgewandelt wurden.
Das dürfte sich mit Kalenburg decken, da der Name, der schon außerhalb des Sumpfgebietes auf Schiefbahner Gebiet liegt, auf Korschenbroicher (genauer: Kleinenbroicher) Gebiet immer noch Kollenburg ausgesprochen wurde.

8. „Die Familie Hennen war Pächter auf dem Niever Hof. Darauf weist die Inschrift hin:"
„Dies Haus steht in Gottes Hand. Im Schen ist es genannt. Den 19. Juni 1701"
Bremer schreibt dazu: „Die Setzung eines „S" vor den Namen, wie in Schen, war in unserer Heimat geläufig, s.u.a. Stollen und Salfen."
In diesem Falle also Familienname S-hen, heute Hennen.
Wir haben es hier mit einem Rest von urkeltischer Spracheigentümlichkeit zu tun, das Vorlaut-S wie ein Pronomen einzusetzen.
Es könnte auch eine ureurop. Eigenschaft sein.

Es scheint so, daß wir hier noch einen letzten Zipfel des Indogermanischen gefaßt haben, der sich in dem Sprachwandel vom Vorkeltischen hin zum Germanischen erhalten hat.

9. Außerdem scheinen sich in unserem Gebiet, wie auch im Nordwestblock, mehrere Sprachschichten zu äußern: die Germanische als zeitlich letzte, eine indogermanisch/vorkeltische, die aber genau so gut eine cymrisch/belgische sein kann, und eine ureuropäische Sprachschicht.
Wir dürfen also davon ausgehen, daß unsere Vorfahren einem zweimaligen Sprachwechsel ausgesetzt waren.

Wir können das Gebiet des Eburonischen/Indogermanischen teilen in einen britonischen östlichen Teil mit vorwiegenden P-Wörtern und einen

goidelischen westlichen Teil mit den Ortsnamen auf gen-, der vielleicht von einem cymrischen überlagert worden ist.
Cymrisch sind die meisten noch heute gebräuchlichen Wörter, und zwar nur im Cymrischen. So scheint der Ortsname (K)Ummer bei Mönchengladbach, der das Wort "Cymrer" bedeuten kann, unter Verlust des Anlaut-K zu Ummer geworden zu sein.

10. Es gibt in unserem Untersuchunggebiet sehr viele Namen, die indogermanischen Ursprung bezeugen, aber nur wenige, die germanisch erscheinen. Man könnte daraus eine späte germanische Überlagerung ableiten, aber warum heißt es Floth (von Plot) und nicht Flatt, was germanisch wäre, warum heißt es Bend und nicht Fend?

H. Kuhn: Weisgerber geht in dessen Schrift "Die Namen der Ubier" Zitat: "dabei von der Voraussetzung aus, daß anlautend F- und H- in seinem Untersuchungsraum, abgesehen von römisch-mittelmeerischen Namen, germanische Herkunft beweisen. ...... Ich (Kuhn) habe in den letzten 12 Jahren ......in einer Reihe kleinerer Beiträge klargestellt, daß große Teile Nordwestdeutschlands mitsamt den Niederlanden und weiteren im Süden anschließenden Gebieten erst nach dem Abschluß des größten Teils der ersten Lautverschiebung germanisch geworden sind, so daß der indogermanische Lautstand da in vielen Orts- und Personennamen und ins Germanische übergegangenen Vokabeln erhalten blieb.

Aber auch in diesem erst sekundär germanischen Wort- und Namengut kam ein F- im Anlaut zutage, so daß es auch in den älteren Sprachen, die in dem angedeuteten Raum - zu dem das Gebiet des Niederrheins gehörte - gesprochen worden sind, ein solches F- gegeben haben muß.......Es kommt hinzu, daß die alte Sprache da im Zwischenland zwischen Germanen und Kelten, die ein anlautendes F- besaß, wohl auch ein solches Ch- (oder H-) wie auch d (th) gehabt haben kann.

Doch ist es mir bisher noch nicht gelungen, von ihnen Spuren zu finden, und ich rechne auch wenig damit, daß es glückt.
Die H- im Anlaut nichtlateinischer vor- und frühgeschichtlicher Namen, die sich da im nördlichen Rheingebiet finden, können, so scheint es, alle germanisch sein." (H. Kuhn, Besprechung von Leo Weisgerber 'Die Namen der Ubier', 1968, S. 394, 395)

Wir meinen:
Bezüglich des Anlaut-H sind insbesondere zu beachten die cymr. Wandlung von Anlaut-S in Anlaut-H und die ebenfalls sehr häufige Erscheinung, daß H vor Vokal tritt.
Sie alle können den Eindruck erwecken, germanischen Ursprungs zu sein. Aber wir sahen auch die Lautverschiebung von P nach H, wie in Vorst > Porst > Horst, die wie im zweiten Teil dargestellt wird, ureuropäischer Herkunft ist.

11. Kuhn hat nicht nur einen indogermanischen Nordwestblock im Auge, sondern auch wegen der ungewöhnlich häufigen Ungereimtheiten in den Lautgesetzen eine vermutete vorindogermanische Schicht.

Seine Erklärung für die fremdartigen Erscheinungen (Zitat Kuhn) "geht darauf hinaus, daß bei uns - und auch in anderen Ländern - eine vorindogermanische Substratsprache wirksam gewesen sei.......Diese Vermutung hing damit zusammen, daß ich im Westteil meines Nordwestblocks in steigendem Maße mit einer solchen Unterschicht rechne, welche, ehe die Germanen kamen, erst von einer dünnen indogermanischen Schicht überdeckt war."
Zitat Ende. (Kuhn, Besprechung Weisgerber 'Namen der Ubier', S. 409)

Weisgerber habe schon 1954 den Problemkreis, den er an diese Bildungen geknüpft sah, erörtert. "Er ließ da etwas klarer erkennen, daß er den Ursprung dieser Geminaten in einer dem Aquitanischen verwandten nichtindogermanischen Sprache sucht" (S. 409).

Zitat Kuhn: (S. 409, 410)
"Zu ähnlichen Vermutungen und Thesen bin ich, ohne Weisgerbers Ergebnis zu kennen, bei der Untersuchung der vor- und frühgeschichtlichen Namen gekommen.
Es gehörte da zu meinen ersten Beobachtungen, daß Reste der ältesten Namenschichten mehr in den natürlichen Rückzugsgebieten als in den leichter zugänglichen frühesten Siedlungsräumen zu finden sind.
Vor allem aber erinnerte Weisgerbers Aufsatz von 1954 mich an das eigentümliche System der -ur- (und -ar-) Namen, auf das ich 1964 ganz kurz aufmerksam machte.
Es ist schwerlich indogermanisch, und die meist bergigen Landschaften im Umkreis der Ardennen.....sind auch einer der an -ur- und -ar-Namen reichsten Räume.
Während Weisgerber nun aber .... am Rheinlauf haltmacht, läßt die genannte Fluß- und Ortnamenbildung sich ostwärts bis an Ems und ins nordhessische Bergland verfolgen.
Dieser Grenzraum steht nun, von mancherlei anderen Indizien unterstützt, als eine Scheide vor mir, an der die von Osten anrückenden Indogermanen einmal lange festgehalten zu sein scheinen.
Die Vorgeschichte (meint Vorgeschichtsforschung, der Verf. A. H.) scheint von dieser Grenze nichts zu wissen. Umso mehr freut mich der Beistand, den Weisgerber mir leistet."
Zitat Ende

Diesen Grenzsaum, den Kuhn hier im Westen bis in den Norden zu sehen meint, deckt sich in auffälliger Weise mit dem von uns bei Kaarst unter Vorst beschriebenen Grenzgürtel, der sich von Ost (Kaarst- in Verbindung mit Vorst genannt), dann Büttgen-Vorst, Glehn Vorst, Haus Horst in Rheydt, Mönchengladbach-Vorst, Tönisvorst und Viersen-Vorst, über Wachtendonk-Vorst bis Nordwest (Straelen-Vorst) hinzieht.

Auf niederländischer Seite setzt sich die Reihe mit Grubbenvorst b. Venlo, Vorste Steeg b. Venlo und Horst nw. von Venlo fort.

Das häufige Vorkommen von ureurop. bortxa = Gewalt, Zwang, aus dem der Name Vorst entstanden sein wird, läßt darauf schließen, daß die Vorst-Orte eine Art Verteidigungsburgen waren.

Die ureuropäischen Stämme werden sich gegen die von Norden und Osten hereinbrechenden Indogermanen haben verteidigen müssen. Nachdem sie unterlagen (?), wurden sie anscheinend nicht vollständig vernichtet, denn es gab genügend Menschen, die die Namen überlieferten. Das könnte sich um ca 2000 v. Chr. zur Zeit der Glockenbecherkultur abgespielt haben.

Die Meinungen von Kuhn und Weisgerber decken sich mit unseren Erfahrungen, daß sich unter einer urkeltischen cymrischen Schicht noch eine vorindogermanische Schicht befindet, wie die vielen familiären Worte aus dieser Schicht in unserer Sprache und die Familiennamen auf "-ges" und "-gen" bezeugen. Die von uns gesuchten Eburonen werden möglicherweise ein Volk gewesen sein, das nicht mehr nur ureuropäisch war, sondern auch urkeltische Einflüsse aufgenommen hatte.

12. Eine Reihe von Grundwörtern, die in Zusammensetzungen erscheinen, sind in der Regel mit idg.-keltischen Wörtern zu einer Einheit verbunden, obwohl man ihnen nicht die idg.- keltische Herkunft ansieht; im Gegenteil sie den Eindruck erwecken, sie seien germanisch.

Dadurch glaubt manch einer nicht, es mit idg.-urkeltischen Namen zu tun zu haben, sondern nur mit Namen, die zwar eine idg. Wurzel haben, aber doch eigenständig germanisch sind. Solche Grundwörter, die fast stets ein idg.-urkeltisches vorausgehendes Namenwort (Bestimmungswort) bei sich führen, sind –broich, -kamp, -donk, -dyk, -kalle, -kule, -bend, aber auch -strot, -loge (lage), -kreek, -hor, -mar, -wik.
Das heißt, die meisten, die als germanisch betrachtet werden.

Aus diesem Grunde werden von vielen die Urheber solcher Namen statt als Indogermanen/Kelten als Germanen angesehen und die Schlüsse gehen dann in eine falsche Richtung.

13. Die Untersuchung der Orts- und Flurnamen um Korschenbroich haben außerdem keine Anzeichen der Romanisierung ergeben, sondern ausschließlich cymr./ir. Einfluß sowie einen ureuropäischen.

Man würde allenfalls den Ortsnamen "Pesch" als des Romanischen verdächtig betrachten, denn es ist üblich, das Lateinische pascua = Weideland als Grundlage zu sehen. Wie man auch allgemein dazu neigt, Teile des Namenmaterials eher lateinisch oder germanisch zu deuten, weil man die anderen Sprachen nicht im selben Maße beherrscht und das Lateinische ein größeres Prestige genießt.
Alternativ läßt "Pesch" sich von ureurop. baska = Weide, Futter, Mast ableiten und da im sonstigen Namenmaterial überreichlich ureuropäisch und urkeltisch/keltisch anzutreffen ist, aber nichts romanisches, neigen wir in diesem Fall zu einer ureuropäischen Deutung.

14. Die aufgefundenen Namenwörter haben uns eine Reihe von Eigentümlichkeiten gezeigt, die kaum in einem Raum weitergegeben worden sein können, der schon früh germanisiert worden ist.

Das Anlaut-S, wie in S-hen, der Wandel von S in cymr. H wie in heim = Weg, die Bildung der Familiennamen auf "ges" und "gen", die schriftlichen Zeugnisse von Wörtern wie Fohr, Fuhren, Notbau, Besserung um 1500, die große Zahl von urkeltischen Wörten, die in unserer örtlichen Sprache überlebt haben, schließlich auch die urkeltischen Orts- und Flurnamen lassen den Schluß zu, daß in unserem Raum eine starke nichtgermanische Bevölkerungsschicht sprachlich lange überlebt haben muß.

Es läßt sich jedoch nicht eindeutig sagen, bis wann indogermanisch gesprochen worden ist. Es scheint eine lange Zeit gegeben zu haben,

in der germanisch und indogermanisch/ureuropäisch gemischt in Zweisprachigkeit oder gar Dreisprachigkeit gesprochen worden ist.
Zu folgern ist aus den überlieferten Wörtern, daß das Indogermanische starke Züge des Cymrischen, weniger aber des Irischen aufwies.

15. Das, was wir als eburonisch bezeichnen wollten, ist demnach vermutlich ein britonischer Dialekt, ein belgischer, vielleicht eine Restbevölkerung einer Volksgruppe, die einst vom Festland auf die britische Insel übergesetzt hat, denn es ist dort ein belgischer Stamm der Eburonen oder Edburonen bekannt, der vermutlich die Ursache der walisischen (cymrischen), cornischen und bretonischen Sprache in Brittanien (und der Bretagne) ist.

Da die hochdeutsche Lautverschiebung nach heutigen Schätzungen auf die Zeit von 600 bis etwa 800/900 angesetzt wird, und die 2. Lautverschiebung bei uns größenteils nicht gewirkt hat, ist hieraus zu schließen, daß das Spätwestindogermanische mindestens bis 800/900 gelebt hat. Einen späteren Zeitpunkt können wir aus der Zeit ableiten, wann unsere Familiennamen entstanden sind (1200-1400), da noch (vor)- keltische oder ureurop. Namen dafür verwendet wurden.

Wieso auch noch ureuropäische Spuren in erheblichem Maße gefunden werden, verwundert sehr, können wir uns doch bisher kaum vorstellen, daß auch das Ureuropäische lange Zeit überlebt hat.
Aber es muß wohl doch so sein, daß die Eburonen außer ihrem ureuropäischen Namen teilweise noch den ureuropäischen Dialekt bewahrt haben.
Die rheinischen Matronennamen und Symbole auf rheinischen "Fußfällen" können nur so erklärt werden (Herz mit Anker und Kreuz <> herts- = Bedrängnis, Verfolgung, anker = grausam, kurrixka = Schrei).

Die Symbole bezeugen, daß das Ureuropäische noch in christlicher Zeit gesprochen wurde und der Verfasser der Symbole sowohl ureuropäisch als auch deutsch (anscheinend mhdt.) verstand. Diese Meinung wird gestützt durch zwei Ortsnamen, die die ureuropäische Bedeutung und zugleich die Deutsche bezeugen. Neuwerk (OT. von Mönchengladbach) = Neu und ureurop. berri(k) = neu, neu also doppelt ausgedrückt; Kollenburg (Willich - Schiefbahn) = ureurop. kall = Burg, also Burg doppelt ausgedrückt.

Wir schätzen, daß das Eburonische und auch, das hatten wir nicht für möglich gehalten, **das Ureuropäische in den nachchristlichen Jahrhunderten, im Mittelalter und dann noch eine zeitlang in Mehrsprachigkeit eburonisch-/ureuropäisch-/germanisch bis vielleicht 1100 – 1200 angehalten haben kann**.

Ähnlich ist es einem anderen ureuropäischen Dialekt in Schottland ergangen, dem Pictischen, das bis ins 10. Jahrhundert überlebt haben soll.

Beweisen im naturwissenschaftlichen Sinne können wir das nicht.
Aber wer in diesem Fach Namenkunde kann überhaupt beweisen?

Das Eburonische wird als Sprache der Unterworfenen, der Kötter oder Laten, nicht die gesellschaftliche Achtung genossen haben, um als Dokumentsprache benutzt zu werden.
Denn selbst auf Deutsch oder Latein wird niemand einen Anlaß gesehen haben, über einige seltsam sprechende Laten/Kötter zu berichten.

16. Wenn es so war, daß das Eburonische/Spätwestindogermanische bis ins Mittelalters in unserem Raum gesprochen wurde, so leuchtet ein, daß auch die hochdeutsche Lautverschiebung hier auf eine fremdsprachliche Barriere stieß, die sie nicht weiterkommen ließ.

Prof. H. G. Kirchhoff hat zum Thema Lautverschiebung einige gute Beiträge zugesteuert („Glehn", Ein geschichtliches Lesebuch, S. 32):
"Wenn die Richtung der Lautverschiebung (gemeint ist die Hochdeutsche Lautverschiebung 600 - 800, der Verf. A. H.) von Süden nach Nor-

den ging, so müssen die Ursachen für ihr (teilweises) Innehalten und Ermüden in unserem Gebiet in Widerständen zu suchen sein, die ihr an Ort und Stelle Einhalt geboten. Sie sind schon früh vorhanden, vor der Entstehung der spätmittelalterlichen Territorien, da diese, wie Frings konstatieren mußte, nicht zur Erklärung ausreichten. Sie sind nicht – wie z.B. die Mundartgrenze zwischen Kleinenbroich und Schiefbahn – in natürlichen Gegebenheiten zu finden (dort ist das Bruchgebiet des Büttgerwaldes in einem ehemaligen Flußbett), da es zwischen Glehn und Büttgen/Kleinenbroich keinerlei natürliches Hindernis gibt."
Ende Zitat Kirchhoff.

Die Frage, ob solche Sprachbarrieren auch für den weiteren Verlauf der Benrather Linie von Bedeutung waren, übersteigt das hier gestellte Thema.

Der zweite Teil dieser Ausarbeitung ist unter dem Titel

"Der Nordwestblock nach Hans Kuhn: Germanisch, Indogermanisch oder zeigen sich noch ältere Sprachschichten?

Auf den Spuren einer der ältesten europäischen Sprachschichten."

gesondert veröffentlicht worden.

Literaturverzeichnis

Bahlow, Hans — Deutschlands geographische Namenwelt, 1965/1985

Bremer, Jakob — Das kurkölnische Amt Liedberg, Mönchengladbach, 1930

Bremer, Jakob — Die reichsunmittelbare Herrschaft Millendonk, Mönchengladbach 1939

Bremer, Jakob — Die reichsunmittelbare Herrschaft Dyck, Grevenbroich, 1959

Caesar — De Bello Gallico, Schöninghs Lateinische Klassiker, 1953

Collins-Spurrell — Welsh Dictionary (Welsh-English und English-Welsh) Lewis, Collins, London- Glasgow, 1960

Dittmaier, Heinrich — Die Siedlungserschließung im Lichte der Ortsnamen (des Landkreises Grevenbroich) in: „Landkreis Grevenbroich" (Die Landkreise in NRW Reihe A Bd 5 Bonn, 1963, S. 47-52)

Duden — Das Herkunftswörterbuch, Etymologie der deutschen Sprache, 1989

Eichhoff/Kaltschmidt — „Vergleichung der Sprachen von Europa und Indien", Leipzig 1840, S. IX

Gabelentz von der, G.	Baskisch und Berberisch, Sitzungsberichte der Preussischen Akademie der Wissenschaften zu Berlin, 1893
Gysseling, Maurits	Toponymisch Woordenboek van Belgie, Nederland, Luxemburg, Noord - Frankrijk en West – Duitsland (voor 1226), Antwerpen, 1960
Holder, Alfred	Alt-Celtischer Sprachschatz, Band I bis III, Graz, 1961 (unveränderter Nachdruck von 1896)
Lausberg, Helmut u. Möller, Robert	Rheinischer Wortatlas 2000, Veröffentlichung des Instituts für geschichtliche Landeskunde der Rheinlande der Universität Bonn
Lexer, M.	Mittelhochdeutsches Handwörterbuch
J.B. Johnston	The Place Names of England and Wales, London 1915
J.B. Johnston	The Place Names of Scotland, London 1934
Kirchhoff, Hans Georg	Geschichte der Stadt Kaarst, Kaarst 1987
Kirchhoff, Hans Georg	Amt Korschenbroich, Die Geschichte der Gemeinden Korschenbroich und Pesch. 1974
Kirchhoff, Hans Georg	Glehn 1979
Kirchhoff, Hans Georg	Territoriale und administrative Entwicklung (des Landkreises Grevenbroich) in: „Landkreis Grevenbroich" (Die Landkreise in NRW,

	Reihe A, Bd 5, Bonn 1963, S. 53-70
Köhnen, Hubert	Kleinenbroich, 1974
Köhnen, Hubert	"Unges Platt",1982
Köhnen, Hubert	Die Steinzeit im Gebiet der Stadt Korschenbroich, 1989
Stadt Korschenbroich	Historischer Streifzug durch die Stadt Korschenbroich, 1992
Krahe, Hans	Das Venetische, Seine Stellung im Kreise der verwandten Sprachen,1950
Kuhn, Hans	Vor- und frühgermanische Ortsnamen in Norddeutschland und den Niederlanden, Westfälische Forschungen, 12, 1959, S. 5-44
Kuhn, Hans	Hachmann, Kossack, Kuhn - Völker zwischen Germanen und Kelten, Das Zeugnis der Namen, Neumünster 1962,S. 105-128
Kuhn, Hans	Besprechung von JOHANN LEO WEISGERBER Die Namen der Ubier, Anzeiger für deutsches Altertum und deutsche Literatur 83, 1972, S. 97-121
Kuhn, Hans	Das Rheinland in den germanischen Wanderungen, Rheinische Vierteljahresblätter 37, 1973 S. 276 – 314 sowie 37, 1974, S. 1 – 31
Kuhn, Hans	Das letzte Indogermanisch 1978

Meid, W.	Besprechung von R. Hachmann, G. Kossak, H. Kuhn, Völker zwischen Germanen und Kelten, 1964, in Beiträge zur Namenforschung 15, S. 104 - 115
Meid, W.	"Hans Kuhns Nordwestblock-Hypothese. Zur Problematik der Völker zwischen Germanen und Kelten." in Sammelband "Germanenprobleme in heutiger Sicht" hg. von H.Beck, 1986, Berlin, W. de Gruyter (Im Anhang dieses Referates befindet sich eine Liste der einschlägigen Veröffentlichungen H. Kuhns zum Thema.)
Meid, W.	Zum Germanenproblem, NOWELE 9, (1987) 91 – 97
Nauen, Franz	Heimatbuch Korschenbroich, Kleinenbroich, Liedberg 1925
Rubio, Elena Martinez	Wörterbuch Baskisch-Deutsch Deutsch-Baskisch, 2005
Rückriem, Albert	Die Siedlungserschließung des Raumes (Landkreis Grevenbroich) in: "Landkreis Grevenbroich" (Die Landkreise in NRW Reihe A Bd 5 Bonn 1963, S. 47-52
Stokes, Whitley	Urkeltischer Sprachschatz, Göttingen 1894, herausgegeben von Albert Bezzenberger
Tacitus	Germania , Altsprachliche Textausgaben, 1953, Stuttgart

Verhart, Leo   Op Zoek naar de Kelten. Nieuwe archeologische ontdeckingen tussen Noordzee en Rijn. 2006, 67p, ISBN 90-5345-303-2

L. Weisgerber   Rhenania Germano-Celtica, Bonn 1969

Namensregister

Flur- und Ortsnamen (bis S. 149)

A
Acker Schorenstein 31, 105
Ahn 34, 38, 138
Anrath 132, 135, 142
August - Broich 85

B
Bach, Auf der 112
Bahner 39, 129
Baueshütte 119
Bauernhütte 54
Baum 131
Beckrath 130, 135, 146
Behntenstraße 77
Beil 74
Bell 130
Bellerweg 62
Beltinghoven 132
Bendbroich 37, 59, 65, 77
Bendhütte 120
Berschehof 88
Berrischen 88
Berverath 148
Bettrath 121, 146
Bickhauser Acker 91
Bickhauser Sträuchschen 91
Bilderstöckchen, Am 90
Blankpfad 84
Blaustein 99

Blauen Stein, Am 89

Blausteinsbenden 208
Blech, Am Bleck 78
Bleckhütte 120
Bollenhof 39, 65, 96
Bonetsweide 112
Bongartsweide 112
Bonnenbroich 122, 127
Boom, Auf der 107
Boot, Am 107
Breidenbroich 72, 73
Breidenpohl 72
Breitweg 64 68
Bresserhof 134
Brücke, An der 112
Bungt 129
Bungterweg 61
Buscherhöfe 121 141
Buschhütte 121
Büschbend 98
Büttgen 138

C
Chur 131
Ceann 132, 141

D
Dahl 122

Damm 73, 99, 178
Danerbend 32 104
Darthausen 131
Daubenschlagstraße 75
Dick, Auf dem 112
Dilkrath 149
Dohmenhütt 93
Dohr 129
Donk 124
Drei Weiden 98
Dresch, Im 66 69
Driesch 140
Drölsholz 117
Duistern 75
Durch Fahrt 23 101
Dünn 124
Düpp 31, 98
Düppheide 32, 109
Düpphütt 97, 108
Düistern 76
Dürsters Bendgen 105
Düstere Straße 82
Düvel, Am 130
Dyckerbroich 57

E
Egelbach 39
Eicken 122
Eickerend 36, 38, 107, 109, 111
Eiger 34 38 130
Eilf Morgen Baum 102
Ellerbroich 58
Elschenbroich 57, 117
Elsenbusch 82

Engden 36
Engelbleck 120
Engbrück 37 78
Epsendorf 80
Erprath 135, 141, 145
Erkelenz 142
Erpherd 113
Eschenfrehn 67
Eschenforst 65, 134
Eschenrath 147
Eschert 47, 54
Essendt 36 101
Etzel 38

F
Fahrloch 66, 73
Faulingskaul 71
Felshütte 121
Fettberg, Auf dem 92
Finkenberg 132
Fleckenbenden 84
Fliesche, Auf der 64
Flockenstraße 62
Floth Brücke 99
Floth Heide 99
Fragenhütte 53, 59
Friemer 39 83
Fronderath 148
Fuchshütte 121
Fußesterz 86

G
Gatzweiler 123
Gathstraße, Gaßstraße 73

Geedisch 57
Geistenbeck 127
Gemeinde 60, 75, 189
Geneicken 8, 38, 130, 143
Geneng 143
Genhahn 143
Genhausen 143
Genhodder 123 143
Genhof 142 143
Genholland 127 143
Genholt 143
Genhülsen 131 143
Genfeld 142 143
Geniel 143
Gennep 143
Genrohe 142 143
Gen Venne 143
Gentensumpf, Am 86
Gergerath 148
Gerkerath 147
Gier, Der 65
Gilleshütte 57
Glehn 80
Golkrath 148
Gottesbäumchesweg 72 77
Grefrath 140
Griesbarth 132 147
Grootes, Am 84
Grotherath 146
Grüner Weg 58, 59, 62, 86 97
Grüner Zierdenweg 54
Güdderath 147
Günhoven 131
Gützenrath 147

H
Hamerhütte 121
Hardterbroich 41, 118
Halmai 41
Harmai 41
Hardt 122
Hagelkreuz, Am 88, 162
Hamern 118, 122
Hasseldamm 43, 99
Hahn, Im 69
Hahnen, Auf dem 84
Hamm 44
Haushütte 41, 110
Heckerbroich 41 56
Heckenend 36, 81, 93
Hehn 122
Heidenkirchhof 90
Heidloch 93
Heiligenhäuschesweg 71
Heiligenpesch 131
Heimer 133
Heisterdahl, Auf dem 88
Heith 98
Hellweg 42
Hemms, Hinter 91
Hermai 41, 42, 55, 69
Herrath 147
Herrenshoff 7, 42, 66
Herzbroich 43, 64
Hetzerath 148
Heyerhütte 119
Heym Gatter Bend 40, 98
Hilderath 146

231

Himkesheck, An der 59
Himchesweg 72
Himmlich Broich 119
Hochstraße 109
Hockstein 124
Hoferbend 42
Högden 129
Höhhauf 86
Holler 43 106, 106, 178
Holt 118
Hoppbroich 42, 71, 128
Horst 126
Hoser 133
Hottessen 113
Hötzpfand 60
Hött, In der 93
Hoven 124
Huchter 70
Hufeisen, Am 24
Hundsröck 66
Hulder 43, 105
Hülchrath 141 145 186
Hüll, En de 44
Hülserbleck 120
Huppertzweg 69
Hüsgesend 81 117
Hüssen Füschgen 40 106
Hütte 43
Hütz 129
Hützend 34 129

I

J

Jackerath 147
Jonkelsfeld 93
Jorissenerb 69
Jüfeld 73

K
Kaarst 135
Kaarster Hütte 109, 134
Kau, Eicker 69
Kälverbend 103, 208
Kark 68
Kehn 8, 134
Kemmerlingsweg 67
Kell 24, 32, 45 100
Kerper Weiher, Am 45, 81
Kessel, Im 59
Kieskammer 85
Kirchenholz 104
Kirchfeld 88
Kirchturm 74
Kirchkamp 21, 57, 92, 93 X
Kivitt 86
Kloster 30-Morgen 91
Klosteracker 92
Klotzkamp 107
Klarenbroich 113
Klarenstraße 113
Klarissenbend 45 104
Kleinenbroich 96
Klippertzinsel, -mühle 62
Knalappend 36 45, 55
Knippertz 203
Knochen 75
Koch 132

Korfsweier 113
Kollenburg Benden 134
Kommerhof 140
Königskamp 70, 74, 113
Korschenbroich 51
Kothausen 131
Kottenkamp, Im 92
Kotten Schlot 24 98
Krahnendonk 120
Korkamp 110
Korkampbusch 58
Köttlengsfeld 67
Koxkul 94
Krämpe Dämm 76
Krapp, Die 131
Kreuz, Am 75
Kreuzhütte 121
Kreuzwege, Am 88
Krückenpfad 64
Krünsend 45, 62
Kucksbend 104
Kuhdrenk 103
Kuhtränk 64
Kuhstraße 72
Kuhweide 67
Kutschweg 68
Kuckeskul 94
Kuckuck, Am 75

L
Landwehr 100
Lanzerath 145
Lapel, An der 67
Lappskamp 54

Latmannsgut 114
Leinhaus 114
Lehmstraße 83
Leppershütte 127
Lichtstraße 77
Liebeweg 68
Liedberg 117
Liekweg 60
Liesenbenden 56
Linning 107, 138
Lochskamp 94
Lockhütte 120
Lodshof 63
Logengraben 31, 105, 208
Lommertzpfad 92
Loosbenden 130
Looshof 130
Löndonk 58
Lucht, Auf der 114
Lürrip 118
Lüschbleck 56
Lüttenglehn 80

M
Maarweg 61
Maar, An der 59
Mackeshütte 123
Magistergemeinde 22, 70
Martinshütte 21, 105
Matzerath 148
Mayländer Bend 100
Märchen, Am 110
Meisendal 73, 106, 177
Melandersbenden 110

Mennrath 119, 146
Merreter 123
Mevisbusch 114
Millendonk 16, 29, 51, **53**, 59
Mittagshüttchen 89
Mollsstöckchen 66
Morgen Auf-den-19   85
Morgensternsheide 141
Müllenkamp 111
Mülfort 128

N
Natt 83, 85, 91
Neersbroich 60
Neggesch 55
Neuwerk 121
Nickeloch 108
Nixmergelshütte 89
Nuhn   48, 111

O
Odenkirchen 130
Oerath 148
Ohler 126
Ompert 126
Otzenrath 148

P
Pannenerb 59
Pastoratsstraße 22
Pastoratsweg 64
Pastors Natt 84, 94
Peckenweide 34, 38, 83
Pengter Hütte 34

Penkhütter Weg 92
Penkten Hütt, In der 92
Perket, Im 85
Pesch 71
Pesch Bend 101
Pfahl Heister 101, 209
Pferdsbroich 34, 39, 101
Pferdskul, An der 88
Pferdstraße 73
Plenerholz 34, 130
Poeth 118
Pollerhütte 120
Pongs 127
Pösten, An den 86
Priesterath 148
Püllenhof 65
Puttschen 34, 35, 45, 12, 137
Püllenweg 97
Püllenbusch 66

Q

R
Raedt, Haus 117
Raderbroich 63
Rahser 133
Randerath 144
Rasseln 124
Renne, Auf der 82
Reinung/ Reinunk 108
Rewenbend 65
Reyerhütte 120
Rhedung 109
Rheydt 126

Rickelrath 147
Ringen Pastors 65
Rinngraben 68
Rothaus 103, 138, 208
Rottes 140
Röckkamp 111
Röckrath 145 149
Röder 70
Rönneter 118
Rubbelrath 7, 81,145
Ruhdahl, Im 91
Ruhrenhütte 53
Ruckes 73, 128, 181, 195
Rukes, Am 67

S
Sasserath 147
Schafenacker, Am 87
Schanz, Auf der alten 87
Schanzerbroich 79
Schautenweg 61
Scheel 58
Scheffes 87
Scheidweg, Am 87
Schellenerb 59
Schelsen 126
Scherfhausen 93
Scherfhauser Linde an der 89
Schiefbahner Spick 134
Schiefbahn 134
Schlich 81
Schlickums 87
Schlusen 84
Schönrath 145

Schmalen 179
Schmalen Pfad 61
Schnatelsweg 75
Schriefers 125
Am Schroof 48
Schroiffbenden 95
Schrödt 48
Schwohenend 48
Siep, Im 52, 67, 151
Sittard 122
Sobbenbroich 49, 94, 128
Sooth, Auf der 83
Söther Spick 133
Speckbend 32, 103 123
Speckshütt 82
Speckstraße 104 208
Speick 122
Spitz 59
Spinngraben 93
Stadt 48
Stähn 128
Steg, Am 95 115
Steinacker 114
Steinhütte 120
Steinfort 80
Steinloch 74
Steinlochshof 114
Stepprath 108 135, 144
Stirkenbend 107
Stollenkamp 74
Stockbroich 58
Stockbend 103
Stollenend 132
Stollenhof 47, 50

Strümps Fussfall 84

T
Tackhütte 150 127
Targesser Hütte 97
Taubenhütte 127
Taubenschlag 22, 73 75
Themesfahr 185
Teschenbend 31, 105
Tetelrath 147
Tollmorgen 74
Tredepohl 76
Triangel 60
Trietenbroich 61, 70 151
Trimpelshütte 128
Trompeter, Auf dem 91
Tömp 62, 117
Tümp 62, 117
Tümpsend 117

U
Überseite 96
Üdding 117
Ungerath 147
Ummer 133 211

V
Venn 120
Venrath 147
Vettberg 95
Viehbrücke 112
Viehheggen 60
Vietenhütte 109
Voetzstraße 72

Vogelsang 141
Vogelsrath 147
Vorhaupt 71
Voskulen 115
Voossen 131
Vorst 82, 135
Vorst -(Glehn) 82
Vorsters Natt 92
Vurpal 106 178

W
Wald, Auf dem 109
Waldbenden 32 102
Waldhütte 110
Wallerter Kirchweg 94
Walrafenserb 115
Waterruyssen 95
Wattmannstraße 138
Wegen, An den fünf 86
Wehrbend 32 103
Wehrstraß 105 208
Weidenpesch, Am 92
Weier, Auf dem 115
Weilerfeld 115
Weilerhöfe 140
Weinmark 71, 77 96
Weinsches Weg 72
Weishütte 109
Weißer Weg 62 73 76
Wengschroth 97
Werres 75, 195
Werret 98, 140
Wetschewell 126
Werdt, Das alte 115

Wey 76 124
Wickrath 81 146
Wickrathhahn 75 123 132
Wiemer, Auf dem 56
Wiener, Am 56
Wildenrath 149
Wintgesweg 47 75
Witte Weg 61 74
Winbroich 48 77
Winkeln 76 125
Windberg 73 119
Wimchesweg 45 72
Wockerath 148

Woof 76 125
Wyenhütte 75 122

X

Z
Zalfenstraße 31 49 79
Zalvestroot 73
Zierden 35 54
Zilkeshütte 121
Zillesbleck 56
Zoppenbroich 31 49 128

Fluß- und Stegnamen (S. 150 - 153) Hier nicht nochmals aufgeführt

Kräuter, Vögel, Tiere und Alltagswörter (S. 154 - 174)

A
Alaaf 172
abluchsen 172
altes Haus 167

B
Beu 168
Berm 168
bezirzen 171
Bildstock 166
Brocht 171
Beltze-bub 172
blöd 164

Böllt 163
Borretsch 156
Brattsch 1 161
Broich 168
Brasse 161
Budenkamel 164
Buschwindröschen 156
Busserl 176

D
Damwild 157
Daudistel 154
Dreck 170

Drossel 159
Duckmäuser 167

E
Eisbein 157
Eisvogel 104, 157
elkaar 171
Erb 167

F
feilschen 162
Fette Henne 155
fies 172
Firkes jonn talpen 163
Flausen 172
Flox 155
Fohr 168
Fussfall 164

G
Gedöns 172
Glucke 172
göbeln 174
Goldammer 159
Goldlack 156
Goldparmäne 162
Gott 154

H
Hagelkreuz 62, 88, 164
Heckenbraunelle 160
Hohltaube 160
Hoppekraat 154
hösch 172

Huddel 164
Hüllengter 170
Hoppelengter 170

K
Kalle 168
kallen 109, 132, 162, 199
Kacke 174
Kardendistel 156
Kiebitz 85, 160
Kille-kille 172
Kinkerlitzchen 172
kloppen 172
Kohlmeise 160
koi 172
Kolkrabe 159
kokolores 172
Kormoran 112, 158
Köschken 172
Köter 172
kotzen 174
Krähe 158
Kranich 112, 158
Kribben 162
Kuckuck 74, 157
kühmen 173

L
Labkraut 54, 155
Lai, Lei 163
lecker 170
Leinpfad 161
Lodenmantel 161
Lotterjunge 157

Lüsch 56, 151, 157

M
Maßliebchen 155
mästen 164
Mark 162
Maulwurf 155
Mehlschwalbe 160
Meise 158
Merkoff 160
Merling 158
Metzchen 172
Milchner 156
Mispel 172
Mönchsgrasmücke 159
Mösch 173
Mott 168
Murks 172

N
Nachtigall 159
Nachtkerzen 155
Neuntöter 157
Nonnengans 159
nooit 170
Nuckes 156

O

P
Palaver 167
Pastinaken 155
Perreng 157
Pimpernelle 154

Pips 173
Pirol 158
Pöllen 168
Plappern 167
praten 162
Purzelbaum 171
Pute 172
putzen 171

R
Rabe 158
Rauchhuhn 160
Rauchschwalbe 160
Rebhuhn 160
Riemen 163
Rotz 173
rübenkruen 161

S
Sabbel 172
Salweide 156
Scheiße 173
Schlodder 157
Schmeck 168
Schmetterling 171
Schmutz 162
schmusen 171
Schroom 168
Schwad-mul 167
Schwan 161
Schwip-schwager 167
Seekoes 166
Senkel 163
Spanferkel 161

Speck 170
Sperling 158
Steinschmätzer 159
Stiefmütterchen 155
stieselig 171
Stroß 170

T
talkum 163
talpen 163
Tippel-Schritte 171
Tröte 171

U
um-paar 171

V
Verballhornung 163
versotten 163
vögeln 141, 163

W
Weihe 158
Werkelengter 168
Wiedehopf 158
Wiesenschaumkraut 155
Winterlinde 162
Wurst 172

Ur/keltisches aus formal deutschen Texten (S. 175 – 193)

A
alligen 179
Allmende 192
Anker urk.185,
Anker ureurop. 222
Ark 189
Artland 184
ausgemuttet 186

B
Bart-fahren 188
bemelten 191
Besserung 177
Besthaupt 192
Bocketskuchen 187
Bord 177
Botschaften 185
brandkaul 182
bröll 180
Brüchten 186

D
Damme 180 182
dollend 176
Dösen Fußfall 186
Drüch 187

E
eingewonzten 193
Eschet 179

F
Falder 191
Faselschwein 177
Fettmenger 184
Fleugels- 185
Freden 179, 180
Fohr 182
Fröggang 175
Fuhren 177
Fürmann 187

G
Gabsmänner 191
gedinge 176, 183
Geheuchtern 179
Gemeinde 193
gereiden 176
Gerechtigkeit 179
Gesteiger 177
Gewalt 179
Goltsteinsgut 196
Gottes-heller 186
Grafenbede 183

H
Hael 186
han 180
Hauer 179
Heien 179
Herkemann 188
Honschaft 190

Höötl-liek 188
Hubbelkar 186

I

J

K
Kaiserhof 190
Kax 193
Klüppellehen 192
Koilpesch 185
Komm 185
Kurmud 192
Kus 190
Kussel 187

L
Laten 192
Latzen 185
Leibesgewinn 179
Leien 177
Letsch 187
Lurjäger 186

M
mallich 180
markgebig 176, 177
Mark 162
Martes 185
Mattelbruderland 184
Mayschen, Auf der 184
Mengel 189

N
Nettelen 182
Nien graff 181
Notbau 179

O
Over faydt 188

P
Poßäpfel 193
Pletsch- 184

R
Reis 177
Renngraben 186
Reu 188
ringe unde gedinge 176
Rüschenstechen 185
Reynung 181

S
Salhof, Sielhof 190
Schanzen 185
Schar 191
schatte inde deynste 183
Schießrute 183
Schlagbaum 192
Schoof 188
Schouf 178
Schweid- 185
Sielhof 186
Solstatt 183, 191
Speckfalder 191

Spellfranzeleng 189
Spielmannsfalter 191
Spurkellen 189
Sümmer 192

T
Themeschfahr 191
Tierjagen 188

V
verhergt 191
Vuh 187
Vurpal 181